SIEBEN KURZE LEKTIONEN ÜBER MODERNE PSYCHOLOGIE

Rainer Eggebrecht

SIEBEN KURZE LEKTIONEN ÜBER MODERNE PSYCHOLOGIE
mit einfachen Wahrnehmungsübungen

Bibliografische Information der Deutschen Nationalbibliothek
Die Deutsche Nationalbibliothek verzeichnet diese Publikation
in der Deutschen Nationalbibliografie; detaillierte bibliografische
Daten sind im Internet über http://dnb.d-nb.de abrufbar.

© 2017 Rainer Eggebrecht
Umschlagdesign, Satz, Herstellung und Verlag:
BoD – Books on Demand
ISBN 978-3-7448-0326-7

Inhalt

Original, fahr hin in deiner Pracht!
Wie würde dich die Einsicht kränken:
Wer kann was Dummes, wer was Kluges denken,
das nicht die Vorwelt schon gedacht!
Johann Wolfgang von Goethe

Vorbemerkung

Diese Lektionen wurden für Leser geschrieben, die wichtige und faszinierende psychologische Sichtweisen allgemein verständlich, kurz und auf das Wesentliche konzentriert kennenlernen möchten. Dabei blicken wir über den Tellerrand klassisch psychologischer Forschungsmethoden hinaus – denn nur eine interdisziplinär-humanwissenschaftliche Gesamtschau wird uns befähigen, unsere Zukunft und die der gesamten Biosphäre lebenswürdig gestalten zu können.

Die erste Lektion zeigt die Grundhaltungen einer humanistischen Psychologie und gibt wahrnehmungspräzisierende Hilfestellungen anhand der Focusing-Methode.

Die zweite Lektion formuliert die Frage nach dem Sinn, in der dritten werden Anregungen zum systemischen Denken und Handeln gegeben.

Die vierte Lektion wendet sich der Entwicklungsspirale allen Lebens zu und gibt Empfehlungen, was wir aus vergangenen Zeiten heute neu und fruchtbar wieder beleben sollten.

In der fünften Lektion erfahren Sie ein Kommunikationsmodell, das seit den 8oer-Jahren immer weitere Verbreitung fand.

In der sechsten Lektion wenden wir uns spirituellen Aspekten zu und in der siebten Lektion vernetzen wir all diese Sichtweisen zu einer integralen Psychologie.

Im Anhang – als statistisch-intellektuellen »Bonus-Track« – erfahren Sie kurz und verdichtet psychosoziologische Fakten zur derzeitigen Lage in Deutschland sowie wichtige Erkenntnisse führender Zukunftsforscher.

Persönliche Einleitung

Als junger Max-Planck-Stipendiat wurde ich in den 8oer-Jahren eingeladen, an einem naturwissenschaftlichen Kongress in Bad Homburg teilzunehmen. Nach einigen Vorträgen betrat Hans-Peter Dürr, der berühmte Quantenphysiker und alternative Friedensnobelpreisträger, das Podium. Er stellte Einsteins Relativitätstheorie dar – einfach und verständlich! Selbst seine physikalischen Fachkollegen applaudierten heftig. Und mir – als naturwissenschaftlichem Laien – wurde klar: **Das ist wahre Kompetenz: schwierige Sachverhalte ohne qualitative Einbußen einfach und verständlich darzustellen!** Seitdem habe ich mit Hans-Peter Dürr in Arbeitskreisen und öffentlichen Diskussionsforen immer wieder diskutiert. Er betonte den »Mut zur Unexaktheit«, denn: *»Die Wirklichkeit ist noch unendlich viel offener als jede wissenschaftliche Erklärung – selbst als jede quantenphysikalische Erkenntnis.«* Und: *»Mit jedem Gedanken wird das Universum größer.«*

2014 fiel mir bei einer Italienreise ein Buch von Carlo Rovelli in die Hände: »Sette brevi lezioni di fisica« (Sieben kurze Lektionen über Physik). Wieder Quantenphysik! Und wieder staunte ich: Ein weltweit anerkannter italienischer Physiker schrieb über Quantenphysik – neunzig Seiten –, klar verstehbar und – adrenalinico! – ungemein aufregend und spannend!

Da reifte in mir der Entschluss, im Bereich Psychologie ebenfalls etwas Ähnliches zu versuchen: komplexe Erkenntnisse, Fachtermini und (oft einseitige) Sichtweisen präzise und klar verstehbar darzustellen. Als Therapeut, Ausbilder in Gesprächs- und Focusingtherapie und als Focusing-Koordinator für Deutschland habe ich dafür inzwischen langjährige praktische und theoretische Erfahrungen sammeln können.

Nochmals Hans-Peter Dürr: Er bestätigte mir bei einer Podiumsdiskussion in Schloss Nymphenburg öffentlich, dass der von mir vertretene integral-offene Psychologieansatz durchaus den Forschungsergebnissen der Quantenphysik entspricht: Denn physikalisch gesehen sind die wahren Bausteine des Universums nicht Materie, sondern Energie und Information.

Und die wahren Bausteine der Wahrnehmung sind nicht unbewusste, irgendwie verdrängte feststehende Inhalte, sondern vorbewusste, oft diffuse Befindlichkeiten, welche durch achtsames Wahrnehmen in einem kreativen Akt als Gefühle, Bilder, Gedanken und Körperempfindungen neu im Bewusstsein entstehen.

Und so wie elektronenmikroskopische Untersuchungen das zu untersuchende Objekt verändern, so beeinflusst auch die Art und Weise der psychologischen Wahrnehmung immer schon das Ergebnis.

Ich wünsche Ihnen eine interessante anregende Lektüre!
Rainer Eggebrecht, im Frühjahr 2017

ERSTE LEKTION
Humanistische (personzentrierte) Psychologie

In einem berühmt gewordenen Diskurs aus den 50er-Jahren des letzten Jahrhunderts standen sich zwei Auffassungen vom Menschen unversöhnlich gegenüber: Skinner (der Begründer der Verhaltenstherapie) behauptete, dass der Mensch manipulierbar und damit »machbar« sei. Rogers (der Begründer der klientenzentrierten Therapie) hingegen sagte, der Mensch sei frei und autonom.

Der Spannungspol zwischen Freiheit und Notwendigkeit ist aus heutiger Sicht kein wirklicher Gegensatz mehr. Denn statt zu fragen, welcher Ansatz richtig oder falsch ist, können wir heute erkennen, dass jeder Ansatz wahr – aber nicht vollständig ist. Wir können herausfinden, wie Teilwahrheiten zusammenpassen und wie man sie integrieren kann, statt sich für eine zu entscheiden und die andere zu verwerfen. Wir kritisieren also nicht ihre Wahrheiten, sondern nur ihre Unvollständigkeit!

Der Begründer der personzentrierten Therapie – Carl Rogers – betont, dass seelische Gesundheit eng mit einem Zustand der Kongruenz (Echtheit) verbunden ist. Wenn das Selbstkonzept nicht mit der Erfahrung von Wirklichkeit übereinstimmt, führt dies zu Inkongruenz und Spannungen. Die personzentrierte Therapie versucht daher, die Grundhaltungen der Echtheit (Kongruenz), Einfühlung (Empathie) und Wertschätzung (Akzeptanz) in möglichst hohem Maße zu verwirklichen.

In den 60er-Jahren des letzten Jahrhunderts erlebte die personzentrierte Therapie (auch klientenzentrierte oder humanistische Therapie genannt) einen Boom in Europa.

Zu Beginn wurde besonders die Nicht-Direktivität betont: Dabei unterließ man sämtliche direktiven, kontrollierenden, lenkenden und manipulativen Aktivitäten.

In den 80er-Jahren entwickelte sich daraus die erfahrungsorientierte Focusing-Methode, welche besonders die Konzentration auf den Wahrnehmungsprozess anregt. Diese achtsame Haltung zu uns selbst ermöglicht es, problematische Themen einfühlend zu bearbeiten.

Grundhaltungen der personzentrierten Psychologie: Unsere Gefühle

Wie können wir mehr Klarheit und Verständnis in das oft schwer zu durchschauende Knäuel unserer Gefühle, Gedanken und Wünsche bringen?

Und wie können wir mit unseren Enttäuschungen und Verletztheiten besser klarkommen? Dazu benötigen wir in der Selbstwahrnehmung einen gewissen Abstand oder Freiraum, um unsere Gedanken und Gefühle präziser fokussierter und wertfrei wahrzunehmen und um in eine gute Resonanz zu unserem wirklichen Befinden zu kommen. Bei emotionalen Reaktionen können wir fühlen, wie unser Körper reagiert – zumindest, wenn wir unsere Wahrnehmung darauf richten. Die Verbindung von Emotionen und Körperreaktionen zeigt sich auch in unserem Sprachgebrauch: Wenn wir verliebt sind, haben wir »Schmetterlinge im Bauch«, oder uns geht etwas »auf die Nerven«, die Angst »sitzt uns im Nacken« und eine schlechte Nachricht »schlägt uns auf den Magen«. Körperliche Reaktionen sind ein notwendiger Bestandteil jeder Emotion. Daher können wir durch Schulung der Körperwahrnehmung, durch Atem- und Entspannungsübungen ein tieferes Feingefühl entwickeln. Im Focusing treten wir aus einer kleinen inneren Distanz in Beziehung zu der gefühlten Bedeutung einer Situation und warten geduldig, was sich aus diesem zuerst oft vagen und diffusen Erleben »entfaltet«.

Gefühle als Ausdruck der Persönlichkeit

Gefühle sind Ausdruck unseres einmaligen inneren Erlebens, eng verbunden mit unseren inneren Werten und Überzeugungen, unserem (idealisierten?) Selbstbild, unserem individuellen Abgrenzungsverhalten, unseren Persönlichkeitsstrukturen und auch unserem kulturell erwünschten bzw. tabuisierten Zeigen von Gefühlen.

Emotional reagieren wir zudem nur dann, wenn uns etwas wertvoll oder wichtig erscheint. So steckt hinter jedem Ärger eine Gefährdung eines für uns wichtigen positiven Wertes: Wenn ich mich über mein zunehmendes Körpergewicht ärgere, dann deswegen, weil es ein positiver Wert für mich ist, ein bestimmtes Idealgewicht zu haben und zu halten.

Wenn ich eifersüchtig werde, dann oft deswegen, weil mir eine Beziehung sehr wichtig und wertvoll ist (dahinter kann allerdings auch mein verletzter Stolz und mein egozentrisches Besitzen-Wollen verborgen sein).

So wie wir über Körperwahrnehmung unsere emotionalen Reaktionen beeinflussen können, können wir auch durch Nachdenken über unsere Werte und Einstellungen auf unsere Gefühle Einfluss nehmen. Wie wir schon gesehen haben, kann hinter unangenehmen Emotionen durch achtsames Fokussieren ein dahinter verborgener positiver Wert erkannt werden.

Wir bemerken dann, warum wir so reagieren, wie wir reagieren – zum Beispiel durch Kindheitserfahrungen mit den Eltern und all die anderen »Schatten«-Bereiche, die unser Verhalten mehr oder weniger stark beeinflussen. Emotionen sind also immer auch mit spürbaren Körpersensationen verbunden und hängen von unseren Werten, unserer Persönlichkeit und unserem familiären, systemischen und kulturellen Kontext ab.

Wenn wir uns dessen wenig bewusst sind, können Emotionen auch »irren«: Dann nehmen wir unerwünschte Eigenschaften an uns nicht mehr wahr, wir projizieren sie auf andere.

Wenn ich zum Beispiel ein geschöntes Selbstbild habe, das keinerlei Neid zulässt, dann erlebe ich stattdessen Ärger über andere und kritisiere meinen Nachbarn, der in die Karibik verreist (was ich auch gerne tun würde, es mir aber nicht leisten kann), weil er mit der langen Flugreise das Klima unnötig schädige.

Mitgefühl und Empathie

Empathie ist die Fähigkeit, zu verstehen, was in uns und in anderen vor sich geht. Empathie verlangt eine gewisse Bereitschaft, sich in andere und uns selbst mitfühlend hineinzuversetzen. Mitgefühl weist ein wichtiges Element auf: das Nicht-Werten. Das bedeutet, dass wir uns auf die eigenen Emotionen und auf die anderer Menschen einlassen, ohne gleich zu urteilen oder zu werten. Das heißt nicht, dass wir keine Präferenzen haben oder alles akzeptieren sollten. Wir sollten nur offen bleiben für korrigierende, heilsame neue Erfahrungen und nicht unreflektiert verurteilen. Mitgefühl ist immer verbunden mit Akzeptanz – damit, was unser Gegenüber braucht, um seine »Schatten« zu erkennen. Und was ihm hilft, den für ihn nächsten wichtigen Schritt in seinem Leben zu finden.

Ein etwas sarkastischer Witz über unechte Empathie und »rücksichtslose« Akzeptanz:
Klientin zum Therapeuten: »Ich bin manisch-depressiv. Mein Mann macht mich melancholisch, mein Sohn macht mich wütend und meine Tochter macht mich eifersüchtig. Ich bin am Ende!« Darauf der Therapeut: »Ist es nicht auch etwas Schönes, so stark empfinden zu können?«

Nun aber eine wirklich schöne Story über authentische Weisheit:
Eines Tages ging ein alter Häuptling mit seinem Enkel den Fluss entlang und erzählte ihm, dass unser Geist wie der Fluss ist: immer fließend. Aber im Wasser gibt es verschiedene Strömungen, und so ist es auch in unserem Geist. In seinem Inneren, sagte der alte Häuptling, könne er manch-

mal zwei Wölfe spüren: Einer ist sanft und freundlich und ist ein Sucher des Friedens, während der andere voll Wut und aggressiv ist. Der Enkel schaute den alten Mann staunend an und fragte:»Aber wer wird denn gewinnen, Großvater?« Der alte Häuptling antwortete:»Immer der, den ich füttere.«

Achtsamkeit und Authentizität

Aufmerksam im gegenwärtigen Moment zu sein, ohne zu werten oder zu urteilen, führt zu einem wachen, authentischen Bewusstsein. Man ist dann einfach im Fluss des Moments.

Wie Therapeuten und Meditationslehrer immer wieder betonen, existieren wir immer exakt nur in diesem einen Moment, im»Jetzt«. Freiraum-Schaffen ist dabei der erste Schritt.

Er hilft uns, bewusster und vertrauter mit unserem Körper, unserem Geist und unserer Seele umzugehen. Wir treten innerlich zurück und beobachten, was jetzt gerade in uns vor sich geht.

Es ist aber nicht ganz leicht, in der Präsenz nur Beobachter zu sein – denn dies kann zum einen faszinierend sein, bringt uns oftmals aber auch mit Themen in Kontakt, die wir bisher»gut« weggeschoben haben. Authentizität erfordert Mut, hemmende Selbstwertprobleme zu erkennen und einfühlend zu fokussieren.

Focusing – Basics integraler Wahrnehmungsschulung

Focusing ist die Kunst, unsere Aufmerksamkeit immer wieder von konkreten Gedanken, von der Imagination zum Erleben des Ganzen ins Hier und Jetzt zu führen und von dort neue Schritte zu erwarten. Wenn wir ein gerade anstehendes Thema unmittelbar erleben, können sich, wenn wir freundlich, wertfrei und einfühlend dabei verweilen, Bedeutungen sprachlich, bildhaft oder körperlich mitteilen, wodurch ein unmittelbar ganzheitliches Gefühl von »Stimmigkeit« entsteht. Man tritt dabei als sein eigener innerer Beobachter aus einer kleinen inneren Distanz in Beziehung zu der noch nicht »entfalteten« gefühlten Bedeutung und wartet geduldig, was in die Wahrnehmung kommt. Dies fördert eine offene Selbstwahrnehmung, deren Form und Richtung in hohem Maße vom Klienten selbst bestimmt wird. Die Autonomie und Freiheit eines jeden Individuums wird hierbei aus einem tief humanistischen Verständnis heraus stark betont. In schöpferischem Selbsterkunden werden Sprache, bildhaftes Erleben, Denken, Fühlen und Handeln im unmittelbaren Erleben aufeinander bezogen. Dabei wird achtsam Bezug genommen auf ein tiefes, auch körperlich spürbares Bedeutungsempfinden.

Dann stellt man wahrnehmungsorientierte Fragen, die nicht mit Ja oder Nein beantwortet werden können – man muss erst nachdenken und nachspüren (fokussieren). *Focusing als Wahrnehmungsmethode* bringt Sie in Berührung mit dem, was Sie hinter all Ihren Konzepten in Ihrem Inneren fühlen.

Die folgende Aufgliederung in vier Schritte stellt nur einen Versuch dar, intuitive Wahrnehmung über Worte kognitiv mitzuteilen. In jedem Schritt kann immer schon alles andere enthalten sein – die richtige Frage bewirkt manchmal bereits ein tieferes Erkennen und Wahrnehmen eines Problems.

Focusingschritte im Überblick

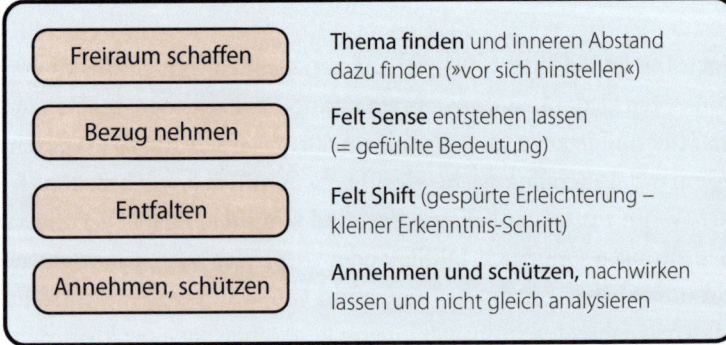

Freiraum schaffen	**Thema finden** und inneren Abstand dazu finden (»vor sich hinstellen«)
Bezug nehmen	**Felt Sense** entstehen lassen (= gefühlte Bedeutung)
Entfalten	**Felt Shift** (gespürte Erleichterung – kleiner Erkenntnis-Schritt)
Annehmen, schützen	**Annehmen und schützen,** nachwirken lassen und nicht gleich analysieren

Die Schritte der Focusing-Methode in Kurzform
(eine konkrete Übungsanleitung folgt
nach dieser Kurzdarstellung)

Freiraum schaffen: Hierzu benötigt man etwas Zeit und eine entspannte Umgebung.
Versuchen Sie, einen guten Abstand zum inneren Erleben zu finden und Raum zu schaffen für das Thema, auf das Sie fokussieren möchten. Sie können ein Thema bewusst auswählen – oder einfach abwarten, was auftaucht.

Bezug nehmen: Spüren Sie in den Brust- und Bauchraum hinein und nehmen Sie die innere Stimmung wahr. Diese ist oft zuerst diffus und vage – verweilen Sie einfach dabei und warten Sie ab, was sich aus diesem vagen Spüren als Nächstes deutlicher herausdifferenziert.

Entfalten: Im Laufe dieses Wahrnehmungsprozesses werden sich Bilder, Gefühle, Gedanken oder Körperempfindungen aus dem diffusen Spüren (= Felt Sense) deutlicher »entfalten«.
Bleiben Sie dabei und verfolgen Sie – ohne wertend und ungeduldig einzugreifen –, wohin und in welche Richtung sich Ihr Gefühl, Ihr Gedanke oder Ihr inneres Bild »entwickelt«.

Annehmen und schützen: Das eventuell gefundene Ergebnis und die entstandene Veränderung lassen Sie in Ihrem Befinden nun dankbar nachklingen. Stellen Sie alle Versuche Ihres (oft viel zu schnellen) Verstandes, alles sofort analysieren und begreifen zu wollen, zunächst zur Seite. Bildlich gesprochen: Schützen Sie das neue, vielleicht etwas zittrige, aber stimmige Empfinden vor den analytischen Fragebomben Ihres Über-Ich-Geschwaders! Ihre inneren Kritiker dürfen sich später wieder melden – aber nicht gleich jetzt! Lassen Sie das neu und tief körperlich Gespürte in Ruhe nachwirken (vielleicht schlafen Sie erst mal darüber).

Einige Beispiele für offene Wahrnehmungsfragen:

○ Was ist das Wichtigste, die Mitte meines Themas? *(präzisieren)*
○ Wie fühlt sich das Ganze jetzt für mich an?
  (Gefühl, Bezug nehmen)
○ Gibt es vielleicht ein Wort – ein Eigenschaftswort oder zwei –
  das genau ausdrückt, wie es mir gerade geht? Oder einen Satz?
  (Kognition)
○ Was bräuchte ich, um mich besser zu fühlen? *(next step)*
○ Was könnte schlimmstenfalls / bestenfalls passieren?
  (Folgen fokussieren)
○ Stell dir vor, dein Problem wäre plötzlich auf wundersame
  Weise gelöst – wärest du dann glücklich und zufrieden?
  (systemische »Wunderfrage«)

Focusing – Wahrnehmungsübung

Setzen Sie sich entspannt hin und nehmen Sie ein paar ruhige erfrischende Atemzüge; vielleicht wollen Sie Ihre Sitzposition noch verändern oder eine Verspannung lockern. Spüren Sie in Ihren Brust- und Bauchraum und verweilen Sie freundlich und wie absichtslos einfach bei sich selbst.
Verlangsamen Sie sich in der Lesegeschwindigkeit – hin zum Fühlen und Spüren.
Dann fokussieren Sie bitte folgenden Satz:

»Wenn ich an mein gegenwärtiges Leben denke – bin ich da glücklich und zufrieden?«

Verweilen Sie einfach dabei und warten Sie ab, was sich aus Ihrem zunächst diffusen Befinden an Bildern, Gefühlen, Gedanken und Körperempfindungen allmählich deutlicher herauskristallisiert.

Verfolgen Sie interessiert – ohne wertend und ungeduldig einzugreifen –, wohin und in welche Richtung sich Ihr Gefühl, Ihre Gedanken oder Ihre inneren Bilder »entwickeln«. Spüren Sie nach, ob das, was Sie jetzt empfinden, sich stimmig anfühlt – oder ob noch andere Worte oder Bilder entstehen möchten.

Wenn das Wort, der Satz oder das Gefühl, das Sie gefunden haben, genau passt, werden Sie in Ihrer Körpermitte eine kleine Erleichterung verspüren, etwas frische Energie wahrnehmen – wie wenn Ihr Körper Ihnen sagt: »Ja, das stimmt! So geht's mir!«

Und jetzt nehmen Sie bitte wahr, ob sich etwas in Ihrer Wahrnehmung verändert, wenn Sie sich vorstellen:

»In zehn Jahren geht es mir noch genauso wie heute.«

Nehmen Sie wiederum interessiert zur Kenntnis, ob und in welche Richtung sich Ihr inneres Befinden (»Felt Sense«) verändert oder verstärkt.

Lassen Sie das gefundene Ergebnis (»Felt Shift«) nachklingen, dann verstärken Sie leicht Ihre Einatmung und kommen bitte langsam wieder auf Ihre Art und Weise ins Hier und Jetzt zurück. Bleiben Sie aber noch eine Weile in innerer Achtsamkeit, bevor Sie mit der Lektüre dieses Buches fortfahren.

Zeitgemäßes Focusing: Aufgaben und Möglichkeiten

Das, was ich unter Focusing verstehe, bekommt gerade in unserer Zeit eine immer wichtigere Bedeutung, denn sowohl Wissenschaft als auch gesellschaftliche Traditionen wirken heute nur noch bedingt positiv sinnstiftend. In gewissem Sinne sind wir am Ende der Aufklärung angelangt.

In unserem Jahrhundert wird es vermutlich so viele Veränderungen geben wie in den letzten 20 000 Jahren der Menschheitsentwicklung. Für diese sich immer rascher verändernde Zukunft können uns eine neue Denkqualität und Wahrnehmungstiefe helfen, die uns befähigen, mit immer komplexeren Problemen kompetent umzugehen.

Focusing berücksichtigt genau diese Interaktionen, durch die neues Fühlen geschaffen wird.

Durch »In-Berührung-Sein-mit …« entsteht Neues auf unmittelbare und direkte Weise.

Der Theaterregisseur Stanislawski fordert von seinen Schauspielschülern, dass sie zunächst ganz still sind und dass sie in sich ein »Fühlen« entstehen lassen, das seine eigene Richtigkeit hat. Erst dann dürfen sie aufstehen und spielen, sodass ihr Spielen sich aus diesem neu gebildeten inneren Befinden (Felt Sense) heraus entwickeln kann. Die richtigen Haltungen und Bewegungen kämen dann von selbst.

Wir sind in einer Krise, die ein Umdenken erfordert und es ist wichtig, dass jeder in sich selbst wieder einen sinnhaften Bezugspunkt findet. Denn in jeder Situation entsteht etwas einzigartig Neues, das so in keiner Weise zuvor als fester Bestandteil schon da war. Eine Situation wird »vorangetragen« (Gendlin: carrying forward) und Kontexte werden immer weiter »angereichert«.

Das Wort »*Katastrophe*« bezeichnet im Griechischen die gefährliche Kurve bei antiken Wagenrennen, an der so mancher Wagenlenker sein Gefährt zum Kippen brachte. Das Wort ist damit aber keine Aufforderung zum Stillstand im Status quo oder gar zum Rückwärtsgang, sondern vielmehr eine Aufforderung zur Achtsamkeit beim Richtungswechsel. Genau das findet derzeit statt und steht uns weiter bevor. Ziel einer Krise ist es, Vorstellungen von Wirklichkeit, deren Zeit abgelaufen ist, durch ein komplexeres, integrales Verständnis abzulösen.

Moderne Kommunikationsmedien bieten uns heute eine noch nie dagewesene Fülle an permanenter (Über-)Information. Frage: Was ist gut? Eine Stunde Zeitung lesen pro Tag – oder fünf Stunden? Man kann das heute nicht mehr sagen. Jeder kann und muss an sich selbst überprüfen, was und wie viel von etwas ihm guttut. Dazu brauchen wir nicht nur logisches Denken – wir brauchen Gefühle, Erfahrungswissen, Bilder, Körperempfindungen sowie Intuition in einem tieferen Sinne, um in einer komplexen und vernetzten Wirklichkeit eigene Sinnfragen befriedigend beantworten zu können. Hierfür stellt Focusing ein ideales Werkzeug zur Verfügung.

Kurze methodenkritische Anmerkungen zum Thema »Körper«

Focusing als körperorientierte Therapie spiegelt sich in zahlreichen Focusing-Buchtiteln: »Dein Körper weiß die Antwort«; »Selbsthilfe durch Körpererfahrung«; »Dein Körper sagt dir, wer du werden kannst« oder »Der Körper als Schlüssel zur inneren Welt«. Der kollegialen Fairness halber möchte ich aber anfügen, dass die Buchinhalte meist wesentlich differenzierter mit der Körperproblematik umgehen, als die Buchtitel dies suggerieren.

Präzises Wahrnehmen des physischen und fühlenden Körpers ist als »Erdgeschoss« eines integralen Bewusstseins durchaus von großer Bedeutung – *wenn* man dabei offen bleibt für höhere Bewusstseinsstufen. Nur dann integriert sich Körperwahrnehmung in neue, erweiterte Sichtweisen.

Wenn ich Körperwahrnehmung als letztlich wahrheitsbegründend mystifiziere, müsste ich ja als Therapeut einem terroristischen Klienten die körperlich »stimmige« Empfindung eines tiefen FeltShift (= gespürter körperlicher Erkenntnisschritt) akzeptierend zurückspiegeln: dass es sich für ihn stimmig anfühlt, die Welt von »Ungläubigen« zu »reinigen«! Dieses Therapeutenverhalten wäre ethisch unmöglich!

Nur wenn subjektive Körperwahrnehmungen in Zusammenhang mit geistigen und seelischen Fähigkeiten gesehen werden, können neue Impulse entstehen und psychologische, entwicklungsdynamische und sozial beeinflusste Wahrnehmungsfärbungen genauer erkannt und verändert werden.

Beim Lesen der folgenden Kapitel möchte ich Ihnen empfehlen, zwischendurch immer wieder mal in einer Art »Mini-Focusing« kurz innezuhalten und Ihr eigenes Befinden genauer wahrzunehmen – indem Sie sich eine oder mehrere der folgenden Wahrnehmungsfragen stellen:

Wie lese ich gerade?

– *Bin ich gut in der Gegenwart und freue mich, Neues zu erfahren?*
– *Oder lese ich leistungsorientiert – möglichst schnell, damit ich wieder ein Buch fertig gelesen habe und wieder ein Stück gescheiter bin?*
– *Lese ich aus Ablenkung, um mich nicht mit dringend anstehenden anderen Themen beschäftigen zu müssen?*

Und ... wie erlebe ich mich jetzt gerade im Moment, wenn ich diese Fragen lese?

ZWEITE LEKTION
Die Frage nach dem Sinn (Logotherapie)

Psychologische Ratgeber empfehlen meistens: »Tun Sie mehr von diesem« und »Tun Sie weniger von jenem«. »Mehr« meint: Achtsamkeitsübungen, meditieren, regelmäßig bewegen, Pausen, Nichtstun und Nein sagen. »Weniger« meint: keine Arbeit mit nach Hause nehmen, weniger Kaffee und Alkohol, sich nicht zum Sklaven digitaler Medien machen sowie stressige Situationen und Menschen meiden.

All diese theoretisch gut gemeinten Empfehlungen helfen meist nicht wirklich. Schon Friedrich Nietzsche meinte, »... dass Erschöpfung dort am größten ist, wo am unsinnigsten gearbeitet wird.« Menschen brennen nicht aus, weil ihre Tätigkeit zu anstrengend ist – sie brennen aus, wenn sie keinen persönlichen Einfluss mehr auf ihr Tun nehmen können. Dies ist immer mit einem Mangel an Lebenssinn verbunden.

Kleines Beispiel für gesunden Stress: Bis vor kurzem lebte ich als Mieter in einem großen Bauernhof in Süddeutschland. Die Bäuerin – eine stämmige und bodenständige Frau – arbeitete von morgens sechs Uhr im Stall bis abends um 20 Uhr. Eines Abends fragte ich sie: »Wie schaffen Sie das eigentlich? Von dem, was Sie tun, würden fünf Beamte ausbrennen!« Sie lachte und sagte: »Ja mei, des hat halt an Sinn, des muss g'macht werden, und i weiß, warum ich's tu!«

Sinnlosigkeit

In der griechischen Mythologie stellt Sisyphos ein starkes Bild der Sinnlosigkeit dar. Als Bestrafung zur Unsterblichkeit verdammt, muss er einen großen Marmorblock immer wieder einen Berg hinaufrollen. Kurz vor dem Ziel wird der Stein zu schwer, er entgleitet ihm wieder und er muss erneut hinunterlaufen und von vorne beginnen. Es ist eine Tätigkeit ohne jedes Ziel, ohne jeden Zweck (Assoziationen zum Alltag in so manchen Büros und anderen Arbeitsstätten sind durchaus beabsichtigt!).

Sinn – philosophisch betrachtet

Auf die Frage nach dem Sinn des Lebens kann es letztendlich keine konkrete Antwort geben. Nach Wittgenstein kann jemand, der seinen Sinn des Lebens gesucht und gefunden hat, meist nicht genau sagen, worin er denn nun in einer Letztbegründung wirklich definiert ist. Das heißt auch: Wenn wir ein sinnerfülltes Leben führen, stellt sich die Frage daher oftmals gar nicht. Ein sinnvolles, gelungenes Leben besteht aus Autonomie (Kongruenz oder Authentizität), Zugehörigkeit und wirksamer Tätigkeit. Oder wie es der Jesuit und Philosoph Michael Bordt ausdrückt: aus Selbstbestimmung, Liebe und Arbeit.

Spirituelle Aspekte

Die Sinnfrage – über den Einzelnen hinausgehend – weist immer auch eine transpersonale und spirituelle Färbung auf. Augustinus, der philosophierende Bischof aus der Spätantike, drückte dies so aus: »… dass unser Herz unruhig ist, bis es in Gott Ruhe findet.« Wenn wir an etwas glauben, das mehr ist als wir selbst, dann sind wir auch offen und mitfühlend für alles menschliche Leben – einschließlich der gesamten Biosphäre.

Der Dalai Lama schreibt in seinem Büchlein »Das Herz der Religionen«: »Alle Religionen enthalten die Botschaft von Liebe, Mitgefühl, universaler Geschwisterschaft. Auf der Grundlage dieser Tugenden lehren alle Vergebung, Geduld, Genügsamkeit, Einfachheit und Selbstdisziplin.«

Philosophisch lässt sich die Frage nach *dem* Sinn des Lebens nicht klar beantworten.
Die Spiritualität begründet ihn mit der grundlegend-allumfassenden Liebe. Und die Psychologie fördert konkrete individuelle Antworten durch folgende Fragen:

Wann empfinde ich mein Leben als sinnvoll?
Was ist der Sinn meines Lebens?

Die Logotherapie

Der Begründer der Logotherapie – Viktor Frankl – hat auf die Frage nach seinem Lebenssinn geantwortet: »*Ich sehe den Sinn meines Lebens darin, anderen Menschen zu helfen, in ihrem Leben einen Sinn zu finden.*«
Viktor E. Frankl stand in seiner Gymnasialzeit mit Sigmund Freud in engem Kontakt. Doch die psychoanalytische Denkweise der Triebbefriedigung war ihm zu reduktionistisch und zu nihilistisch, weil sie so grundlegende humane Phänomene wie Liebe, Glaube, künstlerisch-kreatives Wirken und alle Wertvorstellungen in ihrer Eigentlichkeit missversteht.
Logotherapie (Logos (griechisch) = Sinn) ist eine »sinnzentrierte Therapie«, die Viktor Frankl in den 30er-Jahren entwickelte (nicht zu verwechseln mit Logopädie – Sprachschulung. Logos hat im Griechischen eine Doppelbedeutung: Wort und Sinn). Die Logotherapie möchte eine fundierte Anleitung zur Selbstentfaltung und Verbesserung unserer seelisch-geistigen Lebensqualität geben.

Sie betont – die geistige Freiheit und Selbstdistanzierungsfähigkeit des Menschen, – seine Verantwortlichkeit, Wertfühligkeit, – seine schöpferischen Fähigkeiten, die Welt zu gestalten.

Auch Humor, autonomes Handeln und Güte im Herzen sind Therapieziele von hoher Qualität.

Frankl: »Nicht jedem kann man helfen, seine Krankheit zu überwinden, aber jeden kann man ernst nehmen in seinem Menschentum und in seiner Menschenwürde.«

Kleine Übungsanregung:

– *Wenn ich an mein Leben denke – wann war ich wirklich glücklich und zufrieden?*
– *Vielleicht können Sie – neben Ihrem offiziellen Testament (wer was und wie viel von Ihrem Besitz kriegt) – auch ein »geistiges Testament« schreiben: Was von Ihren Überzeugungen und Erkenntnissen würden Sie denn gerne der Nachwelt vermitteln?*

(Wollen Sie? – dann: 10 Minuten – 1 Blatt Papier – einfach mal drauflosschreiben!)

Sinnvolles Leben setzt eine Flexibilität der Wahrnehmung und der Werte voraus und bedeutet immer auch eine Herausforderung. Sinn ist dabei allgegenwärtig und unabhängig von irgendwelchen Parametern wie Religion, Bildung oder Intelligenz. Sinn wird ganzheitlich und intuitiv gespürt.

Heute gewinnt die Sinnfrage in einer Zeit immer schnellerer Veränderungen zunehmend an Bedeutung. In Zeiten der Über-Information und überpräsenten medialen Berichterstattung müssen wir lernen, Widersprüche auszuhalten und trotzdem nicht zu verzweifeln (soziologisch: Ambiguitäts-Toleranz), ohne dass wir in alte, scheinbar sicherheitsspendende polare Einseitigkeiten zurückfallen (»Alle Menschen sind willkommen« versus »Ausländer raus!«).

Eine wachsende Offenheit gegenüber vernetzten, integralen, systemischen und spirituellen Sichtweisen lässt uns hoffen, dass auch wir das Zusammenwachsen der »einen Welt« trotz derzeit vielfach noch veralteter Denk- und Handlungsweisen erfolgreich bewältigen werden.

Die Zukunft ist ein offenes Möglichkeitsfeld: interkultureller Jugendaustausch und Zusammenarbeit, globaler Zugang zum Internet, eine weltweit – erhebliche! – Schrumpfung der bittersten Armut, das Anwachsen einer global entstehenden Mittelschicht u.a. machen Hoffnung, dass wir die derzeit stark sichtbar werdenden Missstände weltweiter Ungleichheit und Ausbeutung in den Griff kriegen können.

Homöopathisch ausgedrückt: Derzeit erleben wir eine »Erstverschlimmerung vor der Verbesserung«. Jetzt spüren wir sie – die Probleme waren auch vor 20 Jahren schon da, nur – noch nicht bewusst – »im Schatten« verdrängt (C.G. Jung). Doch die Psychologie weiß: Ein erstes Erkennen und Bewusstwerden ist der erste und wichtigste Schritt zur Linderung und Veränderung von Missständen.

DRITTE LEKTION
Systemische Psychologie: Wie wirklich ist die Wirklichkeit?

Systemisches Denken achtet besonders auf die Hintergründe (»frames«-Rahmenbedingungen) von Beziehungszusammenhängen. Oftmals »verhärtete« eigene Vorstellungen, was Wirklichkeit sei, sollen bewusst gemacht und in ihrer Relativität erkannt werden.

Junge Amerikaner, die nach dem Zweiten Weltkrieg in England stationiert waren, erlebten junge Engländerinnen als sehr prüde, aber dann – nach dem ersten Kuss – als relativ forsch und aufdringlich. Umgekehrt erlebten die Engländerinnen die Amerikaner als sehr zudringlich, aber nach dem ersten Kuss dann als erstaunlich »lahm« und zurückhaltend.

Hier kommt es zum Aufschaukeln zweier unterschiedlicher kultureller Systeme, deren Wirklichkeitsrahmen den Beteiligten nicht bewusst waren: Bei Amerikanern steht der erste Kuss beim Kennenlernen auf Stufe 5 ihrer Kommunikationsskala. Bei Engländerinnen auf Stufe 25. Das heißt, ein Amerikaner möchte seine Freundin sehr schnell küssen – quasi als Kennenlernritual. Bis zu sexuellen Kontakten bedarf es allerdings mehr Zeit.
Und bei Engländerinnen dauert es sehr lange, bis sie küssen – dann allerdings ist der erotisch-sexuelle Reigen eröffnet.

Der »Ahnen-Faktor«: Es gibt mich, weil es euch gab!

Jeder zweite Deutsche ist laut einer Umfrage des Allensbacher Instituts interessiert, mehr über seine Familiengeschichte und seine Vorfahren zu erfahren. Vielfältige Suchmöglichkeiten über den Ursprung des Familiennamens finden sich im Internet, in dem man sich auch Stammbaum-Software herunterladen kann.

Die neue Sehnsucht nach dem Wissen um die eigenen Ursprünge – die eigenen Wurzeln und die Lebensgeschichte unserer Vorfahren kennenzulernen, hat auch zu tun mit dem Wunsch nach Halt und Orientierung in einer Welt, die zunehmend auf Mobilität und Flexibilität setzt. Und es schenkt neue Kraft fürs Leben, wenn man weiß, dass man in eine große Linie hineingeboren ist. In einer Zeit, in der jeder seine Biografie selbst finden muss, wächst der Wunsch des Zueinandergehörens.

Systemische Psychologie zeigt auf, dass bewusste und unbewusste Überzeugungen ein Familienleben oftmals über Generationen hinweg prägen. Es gibt Re-Inszenierungen von Themen, die in einer Familie seit Generationen eine Rolle gespielt haben und die getarnt und in neuer Form in der Gegenwart wieder auftauchen können.
Dies ist gut belegt am Beispiel traumatischer Erfahrungen bei Kindern und Enkeln von Holocaust-Überlebenden. Die Epigenetik hat erst kürzlich herausgefunden, dass starke individuelle Erfahrungen sogar genetisch weitervererbt werden können.

Wenn uns bewusst wird, dass bei bestimmten Problemen ein »Ahnen-Faktor« als prägendes Element im Spiel ist, dann können wir diesen bewusst integrieren oder uns von ihm lossagen. Wir brauchen diese autonome Freiheit – sei es Annahme oder Ablehnung.

Es gibt eine gute Methode, die Wahrnehmung hierfür zu erweitern: Erstellen Sie Ihren Stammbaum!
Denn eine Auseinandersetzung mit den »Altvorderen« ist immer auch eine Begegnung mit dem eigenen Ich. Bitte nehmen Sie sich zehn Minuten Zeit für die folgende Übung:

Übung: Stammbaum

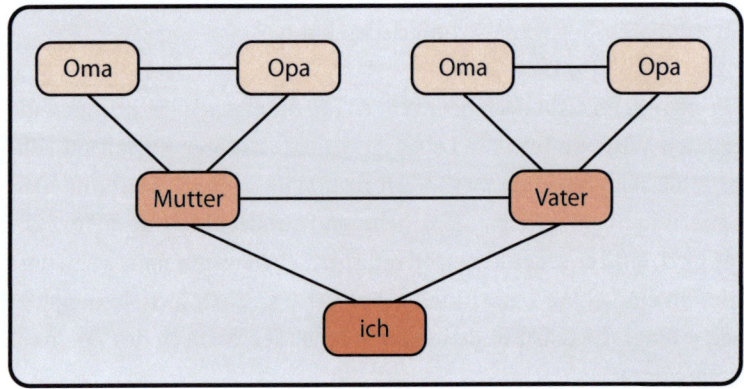

○ Schreiben Sie nun neben jede Person ein bis zwei Eigenschafts-
worte.

○ Dann überlegen Sie, wie die jeweilige Beziehung war (Mutter – Vater, Oma – Opa) und notieren Sie wiederum ein Adjektiv jeweils
auf die waagerechte Linie.

○ Und jetzt überlegen Sie bitte, ob es einen Satz gibt, den Sie den einzelnen Familienmitgliedern sagen möchten –z.B. »Danke, dass du
so für mich da warst«, oder: »Ich hätte dir gewünscht, dass du dich
mehr um dich selbst kümmerst«, oder: »Ich hätte dich so gerne
mehr kennengelernt« und Ähnliches.

Notieren Sie die gefundenen Sätze bitte in folgenden Zeilen:

Mutter: _____

Vater: _____

Oma: _____

Opa: _____

Oma: _____

Opa: _____

Bitte lesen Sie erst weiter, wenn Sie dies alles geschrieben haben!

Jetzt kommt der systemische Selbsterfahrungsteil

Lehnen Sie sich entspannt zurück und sagen Sie nun zu sich selbst all die Eigenschaften und Sätze, die Sie anderen in Ihrem Familiensystem zugeschrieben haben, in der Ich-Form (»Ich bin...«). Bei manchen Sätzen müssen Sie eventuell etwas umformulieren, damit sie Sinn ergeben. Sie können zwischen Eigenschaften und Sätzen hin- und herspringen – achten Sie nur auf die Wirkung in der Ich-Form – und nicht darauf, zu wem Sie dies gesagt haben.

Fazit: Sie werden einiges entdecken, was auch in Ihnen wirkt – eventuell in abgeschwächter Form – denn Sie sind Kind Ihrer Ahnenreihe.

Subjektive Wirklichkeiten

Interpretieren Sie bitte folgenden einfachen Satz:
»Eine Mutter gibt ihrem Kind, nachdem es den Spinat aufgegessen hat, anschließend ein Eis.« Was glauben Sie, worum es hierbei geht? Eventuell denken Sie, das Kind mag keinen Spinat und muss mit dem Eis belohnt werden. Doch das habe ich nicht gesagt. Es könnte ja auch sein: es gibt immer nach dem Essen eine Nachspeise, oder: das Kind mag den Spinat, aber kein Eis – doch die Mutter freut sich so, dass das Kind das Eis isst. Und so weiter und so fort.

Wann immer wir glauben, ganz genau zu wissen, was unser Gegenüber bei seinen Schilderungen genau fühlt – passen Sie bitte auf den »Spinat« in Ihrem Kopf auf!

Als ich vor vielen Jahren in einem Frauenhaus als Therapeut gearbeitet habe, begleitete ich eine Frau, die von ihrem Mann geschlagen wurde. Als noch junger Therapeut wusste ich natürlich »sofort«, worum es hier geht, und ich habe mit der Frau auf ihren bösen Mann geschimpft. Zwei Tage später kam diese Klientin wieder, mit einem blauen Auge.

Sie war nach Hause gegangen und sagte zu ihrem Mann: Der Psychologe hat auch gesagt, was du für ein Schwein bist – schlag mich ruhig! Heute – über 20 Jahre später – würde ich nicht gleich »auf die Seite der Wippe« der Klientin springen – ich würde stattdessen fragen:

○ *Wie kommt es, dass Sie immer wieder zu Ihrem Mann zurückkehren?*
○ *Was würde Ihr Mann sagen, wenn er hier wäre, warum er schlägt?*
○ *Was tun Sie, damit er gewalttätig wird?*

Hilfreiche systemische Fragestellungen – vielleicht spüren Sie bei der einen oder anderen Frage eine innere Resonanz, die Sie nachwirken lassen sollten:

○ Welche wichtigen Informationen über meine Wünsche, Sehnsüchte und Bedürfnisse enthält mein Problem?
○ Was durfte in meiner Familie, bei meinem Vater, meiner Mutter, meinen Geschwistern und innerhalb der Beziehungen nicht gelebt werden?
○ Was könnten meine Eltern von mir lernen – was ich geschafft habe, was sie nicht konnten?
○ Welche meiner nicht gelebten Anteile delegiere ich an Partner, Kinder, Freunde, Kollegen?
○ Wie lade ich meine Umwelt dazu ein, mich in genau jener Weise zu verletzen, die ich so entschieden ablehne?
○ Was bräuchte mein Partner von mir, damit er mir das geben könnte, was ich dauernd von ihm fordere?
○ Kann ich auch mal innehalten, innerlich sanft werden und meinen viel zu schnellen Verstand beschwichtigen?

Systemische Techniken gehören in den Methodenkoffer jedes guten Therapeuten. Dieser Methodenkoffer steht **neben** uns – nur bei wirklich notwendigem Bedarf verwenden wir eine passende systemische Intervention (wenn ein Problem systemisch gebunden ist).

Ausblick: Ich habe die Vision von einer Welt ...

○ in der Ehepartner, die sich bekämpfen, innehalten und sich fragen: Inwiefern lade ich meinen Partner zu dem Verhalten ein, das ich so entschieden ablehne?

○ in der Väter, die ihre Söhne ablehnen, in der Mütter, die ihre Töchter ablehnen, innehalten und sich fragen: In welchen Konflikt mit meiner Herkunftsfamilie werde ich durch meinen Sohn, durch meine Tochter zurückgeschickt?

○ die innehält und sich die Frage stellt: Welch ein absurdes Theaterstück führen wir eigentlich tagtäglich auf?

Kurz: Ich habe die Vision von einer Welt, die innehält und sich endlich die Frage stellt: Wie lange wollen wir noch versuchen, zirkuläre Phänomene linear zu beantworten?
(aus: András Wienands: Choreographien der Seele)

Systemisch-humanistische Nachgedanken

Systemisches Handwerkszeug hilft bei Bedarf, größere energetisch gebundene Verstrickungen und Blockaden zu erkennen und zu fokussieren. Diese effektiven Methoden und Techniken dürfen allerdings niemals nur technisch angewendet werden.

Das Wichtigste im therapeutischen Geschehen sind immer die Grundhaltungen der Echtheit und Einfühlung und ein durch den Therapeuten zur Verfügung gestellter akzeptierender Resonanzraum.

Und: Bei allem effektiven Nutzen systemischer Techniken sollte man im Auge behalten, dass auch systemische Prozesse nicht immer logisch ablaufen. Denn jedes neue Erleben verändert unser Befinden! Die eigene Biografie wird immer wieder neu bewertet, gestärkt und verändert. Salopp formuliert: Es ist nie zu spät für eine gute Kindheit! Damit meine ich nicht die amerikanisch-positivistische Sichtweise des »Du kannst alles erreichen, wenn du nur willst!«, sondern ein im

Sinne Viktor Frankls formuliertes Umwandeln von negativ Erlebtem in eine reife positive Lebenserfahrung:

Eine Mutter, die ihr kleines Kind bei einem Autounfall verloren hat – eines der schlimmsten Ereignisse überhaupt –, schaffte es nach über einjähriger intensiver therapeutischer Trauerarbeit, das Kinderzimmer ausräumen zu lassen, in eine andere Stadt umzuziehen und eine »Selbsthilfegruppe für verwaiste Eltern« zu gründen.

Durch das, was sie durchgemacht hatte, war sie jetzt besonders befähigt, anderen Menschen in einer ähnlichen Notlage kongruent und einfühlend zur Seite zu stehen.

So wurde aus einer Leiderfahrung eine tiefe, reife Lebenskompetenz (aus dem »Minus« ein »Plus«).

Eugene Gendlin – der Begründer von Focusing – schrieb schon 1988 sehr klar über die therapeutischen Grundhaltungen der Echtheit (Kongruenz), Einfühlung (Empathie) und Wertschätzung (Akzeptanz):

»Wenn ich mich also mit jemandem zusammensetze, nehme ich meine Probleme und meine Gefühle und stelle sie neben mich, auf die eine Seite, nahe genug, weil es sein kann, dass ich sie noch brauchen werde ... Und ich nehme all die Dinge, die ich als Therapeut gelernt habe ... und stelle sie ebenfalls in meine Nähe neben mich, auf die andere Seite.

Danach bin ich einfach da, mit meinen Augen, und dort ist dieses andere menschliche Wesen. Falls es dazu kommt, dass seine Augen in meine schauen, werden sie sehen, dass auch ich nur ein Mensch mit Unsicherheiten und ein wenig scheu bin.

Das, was für den wirklichen Therapieprozess gebraucht wird, für den wirklichen Entwicklungsprozess, ist eine Person, die bereit ist, ganz anwesend und präsent zu sein. Und die keine Spiegel-Techniken oder systemischen Techniken als Pingpongschläger verwendet: Du sagst etwas? Du bekommst es zurück! Das ist, als wären wir bewaffnet.

Du solltest doch wenigstens ebenso viel Mut haben wie der Klient. Wenn ich trotz all der Methoden und Techniken, die ich habe, dennoch nicht wirklich kongruent aus den Augen herausschauen könnte, müsste ich mich schämen. Der Klient kann es. Deshalb möchte ich auf dieselbe Weise da sein.

Das ist unsere zentrale Aufgabe. Und deshalb ist das, was wir im helfenden Bereich als Erstes zu tun haben, diese kongruente Haltung zu kommunizieren. Dies ist so notwendig in einem Feld, das immer mehr professionalisiert wird – was oftmals heißt: nutzlos und teuer.«

VIERTE LEKTION
Das Entwicklungsmodell von Spiral Dynamics

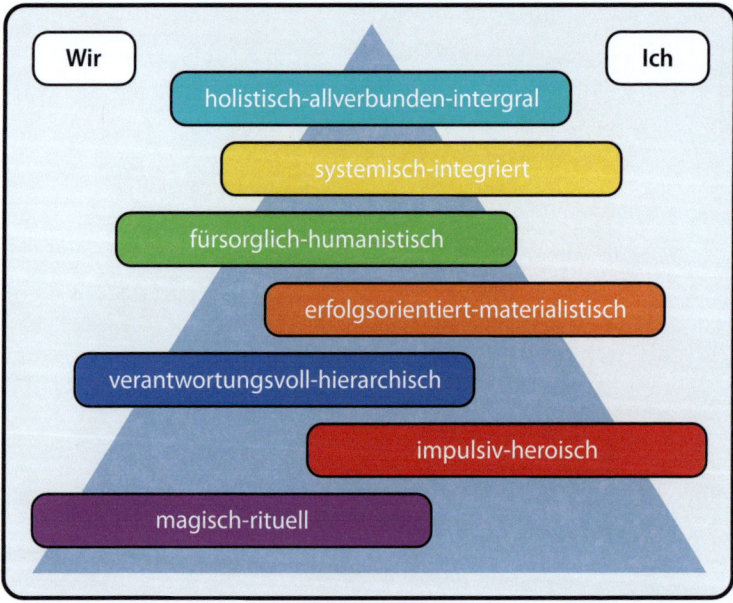

Dieses entwicklungs- und kulturpsychologische Modell wurde von Don Beck und Christopher Cowan entwickelt und beschreibt die Evolution des Menschen, wobei die Entwicklungsstufen sowohl für die Menschheitsgeschichte insgesamt als auch für die Entwicklung jedes Einzelnen, vom Kleinkind bis zum alten Menschen gelten.

Im Folgenden bringe ich eine auf das Wesentliche konzentrierte Darstellung dieser Entwicklungsstufen, jeweils unterteilt in eine kulturhistorische, Kindheits- und Erwachsenen-Sichtweise (die Farbbezeichnungen sind nur eine vereinfachende Symbolik).

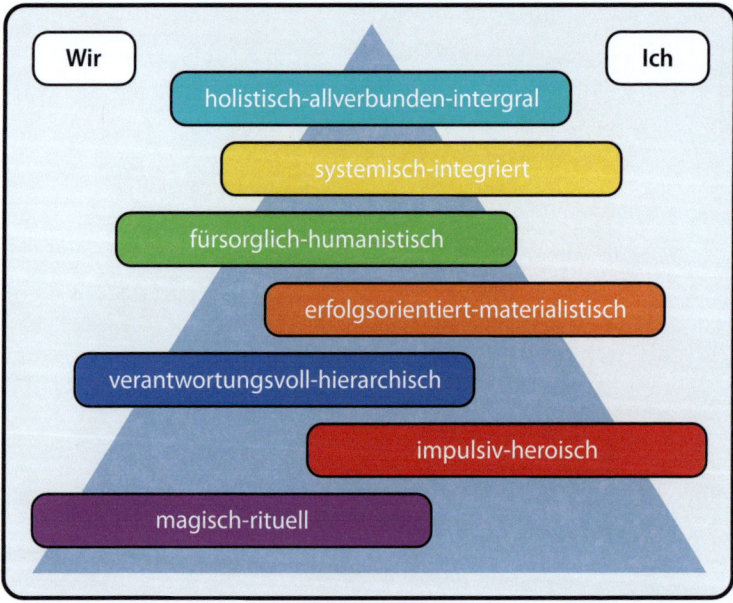

Die 1. Stufe
Das Leben in Stämmen – ab 70.000 v.Chr.
(mittleres Paläolithikum)

In den ersten Menschheitsgruppen steht der Kampf ums Überleben an vorderster Stelle.

Menschen entwickeln Rituale und starre soziale Regeln. Es existieren magische Geister, die Segen, Verwünschungen und Zaubersprüche verteilen. Tradition ist wichtig, der Einzelne ordnet sich in die Gruppe ein. Ältere haben Vorrang vor den Jüngeren.

Kindheitsentwicklung im 1. Lebensjahr

Magisch-animistische Objekte gewinnen zunehmend an Bedeutung: eine Schmusedecke, ein Lieblingskuscheltier und andere vertraute Dinge. Wenn sich ein kleines Kind an einer Stuhlkante stößt, ist der Stuhl böse und die Mama schimpft den »bösen Stuhl«!

Feste Rituale bekommen einen hohen Stellenwert im Tagesablauf. Und in den Gutenachtgeschichten, in Märchen und Mythen verschwimmen die Grenzen zwischen Wirklichkeit und Fantasie auf dieser magischen Entwicklungsstufe immer noch sehr stark.

Entsprechungen im Erwachsenenleben

In Zeiten des Wandels und zunehmender Unsicherheiten gewinnen purpurne Rituale wieder stärker an Bedeutung: Magische Kräfte vermitteln ein Gefühl von Kontrolle, und ein umfangreiches esoterisches Angebot verspricht Hilfestellungen. Altvertraute Rituale wie Hochzeiten, Taufen, Beerdigungen oder kirchliche Feste folgen einem traditionell festgelegten rituellen Regelwerk. Der Mystizismus von Purpur zeigt sich auch im Plastik-Jesus auf dem Armaturenbrett, im Bekreuzigen bei einem Unglück oder wenn Sie dreimal auf Holz klopfen. Aber auch wenn Sie beim Gähnen die Hand vor den Mund halten: Denn der Atem gilt als Lebensenergie – und wenn Sie beim Gähnen tief ein- und ausatmen, könnten böse Geister in Sie einfahren!

Die 2. Stufe
Emanzipatorisch-individualistisch – ab ca. 7.000 v.Chr.

Die frühen Jäger- und Sammler haben sich zu Ackerbau- und Vieh-zuchtkulturen weiterentwickelt, in denen starre Traditionen immer mehr in Frage gestellt und Unabhängigkeit und individuelle Freiheit angestrebt werden. Persönliches Besitztum entsteht, magische Prak-tiken nehmen ab und der Götterhimmel füllt sich mit starken (my-thischen) Helden: Zeus, Wotan und Jahwe.

Diese Götter kennen aber auch Rachsucht, Arroganz und Jähzorn, im Götterhimmel geht es jetzt ziemlich wagnerianisch und männlich zu. Mutige Einzelne bezwingen Berggipfel und trotzen den Gefahren des Meeres. Erste überlieferte Eigennamen entstehen. Dieses individuelle und heroische Bewusstsein erlebt in der Antike einen fast explosions-artigen Durchbruch. Starke Feudalherrscher beschützen ihre Unter-gebenen im Austausch gegen Gehorsam und Arbeit.

Kindheitsentwicklung vom 2. bis 4. Lebensjahr

Das Kleinkind beginnt, sich als eigenständige Persönlichkeit wahrzu-nehmen, und versucht, seinen eigenen Willen durchzusetzen. Diese Trotzphasen sind manchmal impulsiv und wild, aber auch kreativ und ein normaler Teil der menschlichen Entwicklung. Diese machtvolle Phase taucht nochmals während der hormonellen Verwirrung der Pu-bertät auf (die viele nie wirklich verlassen!). Beispiele für diese Stufe sind in Sagen und Mythen, in Comics und im allabendlichen Fernseh-programm zahlreich zu finden. Hier wird das Männliche stark betont und das Weiche, Weibliche (Yin) in den Schatten verbannt.

Entsprechungen im Erwachsenenleben

Mit gesunden Anteilen dieser Stufe lieben Menschen Spaß und schöpfen ihr Leben bis auf den Grund aus. Viele Sportarten sind hier beheimatet – in Videospielen, Abenteuerurlauben und festlich zelebrierten Boxkämpfen werden Mut und Gefahr glorifiziert. Ein starkes individuelles Selbst genießt sein Leben in vollen Zügen (»Dienst ist Dienst und Schnaps ist Schnaps!«). Im problematischen (Schatten-)Bereich dieser Stufe finden wir aber auch egomanische, gewissenlose Machtmenschen, denen es nur um den eigenen Vorteil geht (James-Bond-Bösewichte, diverse »Staatenlenker« u.v.a.).

Die 3. Stufe
Bürokratisch-hierarchisch – ab 3.000 v.Chr.
(mythische Ordnung und konformistische Regeln)

Der Expansionsdrang heldenhafter Taten stößt bei zunehmendem Bevölkerungswachstum und gesellschaftlicher Komplexität immer mehr an seine Grenzen. Neue Ordnungssysteme entstehen, Gewalt wird staatlich monopolisiert. In Staaten und Großreichen werden Verhaltensregeln definiert, die auf absolutistischen und unveränderlichen Prinzipien von »richtig« und »falsch« basieren. Das Leben hat einen höheren Sinn, wobei man sich den Anordnungen einer wahren Autorität unterwirft. Pflichterfüllung, Treue, die Aufgabe weltlicher Freuden zugunsten einer höheren Berufung verschaffen eine neue Art von anhaltender Befriedigung und tiefer Zugehörigkeit.

Kindheitsentwicklung vom 4. bis 6. Lebensjahr
Das Kind entwickelt in dieser Phase zunehmend Verständnis für Regeln und Autoritäten. Es ist das Stadium des tastenden Experimentierens: Das Kind lernt, gut und schlecht zu unterscheiden. Es wird empfänglich für sinnvolle Gemeinschaftsaufgaben und erfährt sich zugehörig zu einer größeren Gemeinschaft.

Entsprechungen im Erwachsenenleben
Es gibt eine klare Ethik und tiefe Überzeugungen von richtig und falsch. Wer sich an die gemeinsamen Regeln hält, wird belohnt. Hierbei geht es um den Sinn im Leben und um Zusammengehörigkeit. In »tiefblauen« Unternehmen ist wenig Platz für Leichtfertigkeit, hingegen

viel für feierliche Momente. Pflichterfüllung und Firmenzugehörigkeit werden belohnt.

Die 4. Stufe
Materialistisch-erfolgsorientiert – ab 1.700 n.Chr.

In der Renaissance werden die Prinzipien der Rationalität und Effektivität entwickelt. Die alte (blaue) Welt des Mittelalters war voller Sakramente, Formalitäten und starrer sozialer Strukturen.
Neu auftauchendes »Orange« bringt ein Gefühl persönlicher Stärke mit sich, und Wissenschaft, Medizin und Bildungswesen schaffen einen noch nie dagewesenen materiellen und geistigen Wohlstand für einen Großteil des entstehenden Bürgertums.

Kindheitsentwicklung ab dem 7. Lebensjahr: materialistisch, individualistisch, erfolgsorientiert
Das Kind entwickelt ab dem circa 7. Lebensjahr ein realistisches Weltbild und trennt sich zunehmend von der magisch-mythischen Welt des Kleinkindes. Es lernt Leistungsmotivation und das Konkurrenzprinzip. Im gesunden Bereich entwickeln Kinder eine personale Energie für einen eigenständigen Platz in der Welt.

Entsprechungen im Erwachsenenleben
Nun gibt es viele Chancen und Wege, und die besten für sich kann und sollte man individuell herausfinden. Zwischenmenschliche Beziehungen sind in starkem Orange oft nicht sehr ausgeprägt. »Hilf dir selbst, dann hilft dir Gott« ist die Devise des Kapitalismus. Strategische Beziehungen werden aufrechterhalten – tiefe Beziehungen und menschliche Begegnungen finden kaum statt. In Orange haben Menschen oft eine Abneigung gegenüber Sozialprogrammen, weil dabei »einfach nur Geld verteilt« wird und Menschen unterstützt werden, die »nichts dafür tun«. Statt Anspruchsberechtigung will man Arbeitsprogramme schaffen.

Die 5. Stufe
fürsorglich-human – ab ca. 1850;
neu aktiviert und weiterentwickelt ab ca. 1960

Der Kapitalismus wird als System der Entfremdung zunehmend kritisiert, liebevolles Sorgen für die Erde und für das Leben bekommt einen neuen Stellenwert. In der Romantik wurden die Wurzeln der menschlichen Natur wiederentdeckt: ein Daseinsgefühl, das solidarisch mit allem Leben ist.

Doch das Pendel schlug – wie so oft – zu weit aus: Rousseau (»Der edle Wilde«) war wie viele Romantiker der Meinung, dass mitfühlende Menschlichkeit umso besser erhalten bliebe, je weniger man mit der Zivilisation in Berührung käme: »Alles ist gut, wie es aus den Händen des Schöpfers kommt; alles entartet unter den Händen des Menschen.«

Für die Romantiker war der Feind des Seins das Haben – von Erich Fromm im 20. Jahrhundert aktuell wieder aufgegriffen. Ein gesundes Grün fordert als Reaktion auf die Exzesse von »orange« eine Regulierung des unkontrollierten Wachstums und den Schutz bedrohter Arten. Ökologie bekommt einen hohen Stellenwert.

Kindheitsentwicklung von der Pubertät
bis zum frühen Erwachsenenalter
In und nach der Pubertät entwickelt sich allmählich eine erste Erwachsenenidentität. Ein reiferes Ich-Bewusstsein beginnt sich auszuformen. Der Jugendliche löst sich zunehmend von den Erwartungen der Eltern und entwickelt eigenständig-kritische Weltsichten. Moderne Kommunikationstechniken und Reisen ins Ausland fördern neue weltzentrische und zukunftsoffene Kompetenzen.

Entsprechungen im Erwachsenenleben
Neue Gruppenzusammenhänge entstehen. Soziales Miteinander wird im persönlichen Freundeskreis gelebt, wobei innere Fähigkeiten und Weltsichten zunehmend wichtiger als äußere Dinge werden. In gesun-

dem Grün hat beides – Sein und Haben – seine Berechtigung. Bei stark grünen Gruppierungen findet man manchmal aber auch eine gewisse Distanz zu anderen Anschauungen (z.B.: Fleischessern, Bänkern).

Die 6. Stufe
Integrativ-systemisch – ab ca. 1980

Ab jetzt lernen Menschen, horizontal und vertikal zu denken – die Farben »vertragen« sich und werden als sich ergänzend und transzendierend erkannt. Jede Ebene ist in ihrer gesunden Ausprägung für die gesamte Entwicklung von Bedeutung.

Menschen mit diesem Bewusstsein können sich – je nach Situation – auf allen Stufen kompetent verhalten:

In Notfallsituationen können integrale Menschen *rote* Kraftimpulse aktivieren; als Antwort auf Chaos müssen wir vielleicht auf die *blaue* Ordnung zurückgreifen; bei der Suche nach Arbeit benötigen wir zielorientiert-*orange* Leistungsfähigkeit und mit Freunden leben wir *grüne* Beziehungsfähigkeiten.

Beim Übergang von *Grün* nach *Gelb* erhalten Flexibilität, Spontaneität und Funktionalität einen hohen Stellenwert. Die Toleranz steigt, Paradoxien und Unsicherheiten werden besser akzeptiert.

Es gibt nun viele Vorgehensweisen: die *blaue* Suche nach wahrem Sinn und Zweck im Leben, das *orange* Streben, hervorragend zu sein, das *rote* Bedürfnis nach Macht sowie der *purpurne* Drang, sich in einem geschützten Kreis zu versammeln.

Jetzt kann man wahrnehmen, dass die einst zu ihrer Zeit erfolgreichen Lebensweisen der ersten Ordnungen (Stufen 1 bis 5) heute vieles gefährden. Es geht um das Überleben im globalen Dorf und um koexistierende Wirklichkeiten.

Im Erwachsenenleben: systemisch-integrativ, weltzentrisch
Nun können wir uns auf allen Stufen kompetent verhalten, wenn die Lebensumstände dies erfordern. Lebenslanges Lernen ist nun eine

Grundkompetenz. Moderne Kommunikationstechniken vernetzen unterschiedliche Wirklichkeitsbereiche immer stärker. Systemisches Denken ersetzt zunehmend ein rein wissenschaftliches Fortschrittsdenken. Ein neues Verantwortungsbewusstsein und Engagement für die gesamte Biosphäre erwachen.

Die 7. Stufe
Integral-holistisch – ab circa 2000

Da die Welt aus miteinander verknüpften Ursachen und Folgen besteht – welche die meisten von uns noch zu entdecken haben – brauchen wir tiefere geistige, wissenschaftliche und spirituelle Fähigkeiten, um damit eine größere Bandbreite neuer Möglichkeiten zu eröffnen. In *Purpur* versuchte man, Geister zu besänftigen, jene Wesen, die Glück und Unglück bringen. Man hoffte, einst in »glücklichen Jagdgründen« zu ihnen zu stoßen.

In *Blau* wird Spiritualität durch Glaubensvorstellungen und Wahrheiten definiert, die einen Verhaltenskodex vorschreiben.

In *Grün* befindet sich die befreiende Kraft letztendlich in jedem Menschen, die sich am besten mit anderen in achtsam-humanistischem Zusammenhang erforschen und entwickeln lässt. In *Gelb* versucht man, Menschen, Funktionen und Knotenpunkte in Netzwerke und Ebenen einzubinden.

Und in *Türkis* spürt man die Energiefelder, die all dies natürlicherweise einhüllen, umfließen und durchströmen.

Zusammenfassung und Ausblick

Die Systeme der verschiedenen Weltsichten sind von fließenden Übergängen gekennzeichnet, mit vielen Mischformen statt reinen Typen. Jeremy Rifkin (»Die empathische Zivilisation«) weist darauf hin, dass die Mehrheit der Weltbevölkerung derzeit noch nicht einmal die moderne *(orange)* Stufe erreicht hat und deshalb auch die Werte eines postmodernen Bewusstseins noch gar nicht annehmen kann. Der nächste Schritt für die Mehrheit der Weltbevölkerung liegt im Übergang zum traditionellen oder modernen Bewusstsein.

Kurze Selbsteinschätzung

Überprüfen Sie, wie vielen Aussagen Sie spontan zustimmen.

Gemeinschaftlich – magisch

○ Gemeinschaften brauchen Rituale, die Ihnen ein verbindliches Miteinander ermöglichen.

○ Ich schätze Glücksbringer, magische Steine und Heilpflanzen. Jahreszeiten und Mondphasen haben einen Einfluss auf mein Befinden.

○ Wenn Menschen bestimmte Rituale praktizieren – eine Statue an einer bestimmten Stelle berühren oder Kerzen stiften, dann kann ich mich anschließen. Vielleicht bringt das ja Glück?

○ Eventuell einmal zu einer Wahrsagerin oder zu einem Wunderheiler zu gehen – so ganz schließe ich das nicht aus.

○ Ich kenne herausragende Gemeinschaftsmomente, in denen ich mich glücklich fühle und die mir das Gefühl vermitteln, an etwas teilzuhaben, das mehr ist als das, was ich aus mir selbst schaffen kann.

Individualistisch – emanzipatorisch – heroisch

○ Fragwürdige Autoritäten kann ich schwer tolerieren – sie fordern meinen Widerspruch heraus.

○ Ich neige dazu, andere durch kluge und scharfe Fragen manchmal aggressiv herauszufordern.

○ Manchmal habe ich das Bedürfnis, denen, die mir nahestehen, zu sagen, was mit ihnen nicht stimmt.

- Menschen, die unterwürfig sind und beim geringsten Druck nachgeben, regen mich auf.
- Ich mag Computerspiele, bei denen ich – wenn ich gut bin –als Held gewinnen kann.
- Ich fahre gerne schnell mit dem Auto, wenn die Straßenverhältnisse dies zulassen.
- Heute lassen sich viel zu viele Menschen durch andere herumschubsen.

Verantwortungsvoll – hierarchisch – wertebewusst

- Ich betrachte die Dinge als klar in richtig und falsch – oder psychologisch in stimmig und unstimmig unterteilt.
- Ich würde meine Ideale nie verraten, nur um beruflich weiterzukommen. Der Zweck heiligt nicht die Mittel.
- Ich brauche Menschen um mich herum, die ehrlich und verlässlich sind.
- Ich halte mich prinzipiell an Gesetze: Auch nachts warte ich an einer roten Ampel, obwohl weit und breit kein Auto kommt. Ich schummle auch nicht bei der Steuer.
- Liebe und Verantwortung sind wichtige Parameter, um sich um das Leiden in der Welt zu kümmern.
- Ich besitze ein tiefes Mitgefühl, eine innerliche, durch das eigene Gewissen vermittelte Beziehung zu Gott und / oder zu einer wie auch immer gearteten tiefen Spiritualität.

Erfolgsorientiert – rational – materialistisch

- Die meisten Menschen sind sehr wohl in der Lage, ihre Ziele klar zu verfolgen und sich selbst zu kontrollieren.
- Ich mag ein dynamisches Umfeld, in dem fairer Wettkampf herrscht und Leistung belohnt wird.
- Erfolg im Leben stellt sich nur durch harte, konsequente Arbeit ein.

o Das Einkommen eines Mitarbeiters sollte sich nach seinem Engagement ausrichten.

o Ich bin in schwierigen Situationen imstande, rational begründbare Regeln für das, was in einer gegebenen Situation zu tun ist, zu erkennen und auch anzuwenden.

Fürsorglich – einfühlsam – human

o Wirklicher Frieden zwischen Menschen und Völkern fängt im alltäglichen liebevollen Umgang miteinander an.

o Eine Gesellschaft kann nicht glücklich werden, solange es auf der Welt so viele Benachteiligte und Ausgegrenzte gibt.

o In persönlichen Krisensituationen suche ich Hilfe und Verständnis bei guten Freunden und / oder bei einfühlsamen Coachs oder Therapeuten.

o Ich bin auch anderen Menschen gegenüber sehr sensibel und empfindsam – und werde auch so wahrgenommen.

o Ich fühle mich stark verbunden mit allen Menschen, auch mit denen anderer Kulturen und Religionen.

o Ich halte jene Berufe für die wertvollsten, in denen Menschen geholfen wird.

Systemisch – integrativ – flexibel – funktional

o Ich erlebe mich als offen und flexibel und beurteile selten, falls überhaupt, die Fragen des Lebens eindeutig mit »richtig« und »falsch«.

o Ich kann längerfristig und in größeren Zusammenhängen denken. Bei Entscheidungen im Alltag bin ich flexibel und unideologisch.

o Ich kombiniere und vernetze gerne Ideen auf eine neue, interessante Weise.

o Erfahrungen sind nützlich, aber meistens muss man sie an neue Tatsachen und Informationen anpassen.

○ Ich bin in unserer zunehmend informativ-vernetzten Welt fähig, trotz Globalisierung der moralischen, wissenschaftlichen und welt-ethischen Perspektiven Informationen so vernünftig zu filtern, dass ich selbstbewusst und aktiv leben und handeln kann.

Holistisch – allverbunden – integral

○ Alle Materie ist vom Geist durchdrungen. Spiritualität und Natur-wissenschaften stellen keine Gegensätze mehr dar.

○ Ich empfinde mich als Weltbürger und habe eine tiefe Liebe für Menschen und die Biosphäre.

○ Ich fühle mich manchmal mit dem Göttlichen / All-Einen so ver-bunden, dass ich mich über alle Weltanschauungen und Glaubens-fragen hinweg tief als Teil der Menschheitsseele empfinde.

○ Die Wirklichkeit ist noch viel offener als jede quantenphysikali-sche Erklärung (H.-P. Dürr). Sie ist ein unendlich offener Möglich-keitsraum. Grenzen werden nur durch unsere Gedanken, Gefühle, Worte und Taten erzeugt.

○ Ich bin offen dafür, allen Seinsweisen des Universums einen Platz in unserer Welt einzuräumen. Denn in jedem Aspekt oder Element des Universums steckt ein Stück Bewusstsein. Alles ist in einem kosmischen Netz verwoben.

○ In Krisen kann ich in die eigene Seele eintauchen und erlebe dabei immer wieder die Kraft einer universellen Energie, die mich mein Schicksal relativieren lässt.

Diese Fragen geben Ihnen – spielerisch – eine erste Orientierung über Ihre derzeitige Persönlichkeitsstruktur – Sie sollten im gesunden Be-reich von allen Farben etwas haben.

Nachgedanken zum Entwicklungsmodell von Spiral Dynamics

Jedes Modell sollte einfach sein und einen hohen Erklärungswert besitzen. Aber es ist nie die Wirklichkeit. Spiral Dynamics erklärt sehr klar die unterschiedlichen Wirklichkeitssichten in der Menschheitsentwicklung und auch in der persönlichen Entwicklung eines jeden Menschen.

Aus integral-humanistischer Sicht besteht jeder Mensch aus einem einmaligen »Regenbogen«.
Es gibt unendlich viele Farbmischungen und Überlappungen. Und wie bei jedem Modell muss man aufpassen, dass die »höheren« (»späteren«) Stufen nicht als »besser« angesehen werden.

Auf einem integralen Kongress traf ich eine Teilnehmerin – promoviert und fließend fünf Sprachen sprechend. Sie stammte aus der dunkelhäutigen indigenen Urbevölkerung Indiens – ihre Großeltern lebten noch in einer »purpur«-»roten« Ackerbau- und Viehzucht-Gesellschaft. Diese Frau hat Zugang zu allen Entwicklungsstufen – sie spürt bei aufziehendem Gewitter alleine im Wald noch die magischen Kräfte und Energien.
Und sie spricht zugleich zukunftsorientiert integral über die Probleme unserer Zukunft.
Bei einigen (»orange«-) gebildeten, sich »mindestens« »gelb«-definierenden westlich-intellektuellen Teilnehmern habe ich da so meine Zweifel, ob sie das Bewusstsein der gesamten Entwicklungsspirale wirklich wertfrei integriert haben.

Heute scheint aber auch eine erhebliche Entwicklungsbeschleunigung möglich zu sein: Das sich seit der Renaissance bis heute über 300 Jahre entwickelnde individuelle Bewusstsein kann in einer zunehmend vernetzten Welt (in Afrika haben bereits 70 % der Einwohner einen Internetzugang) innerhalb weniger Jahrzehnte nachgeholt werden. Rupert Sheldrake spricht hierbei von »morphogenetischen Feldern«: Wenn etwas bereits existiert, kann es relativ schnell auch in anderen gesellschaftlichen Kontexten Realität werden. Die Probleme, die sich dabei ergeben, müssten allerdings genau erkannt und berücksichtigt werden.

Heute müssen wir unsere psychischen Innenwelten immer wieder an eine dynamisch sich verändernde Außenwelt anpassen, mit ihr Kontakt halten und uns darin flexibel bewegen, um unseren eigenen Platz zu finden – denn wir leben eine Vielzahl von Rollen, Entwicklungsstufen und »Farben«, wechseln häufig unsere Verhaltensweisen und verhalten uns unterschiedlich, je nachdem, in welchem Kontext wir uns gerade befinden.

> *Unsere Zukunft: Eines lässt sich nicht technisch herstellen: menschliche Vernunft. Die müssen die Menschen zum Gelingen einer besseren Zukunft selbst beitragen.*

Gesellschaftskritischer Exkurs: Anmerkungen zum aktuellen Werte-Pluralismus

In den 1960er Jahren entstand »Grün« (im Vokabular von Spiral Dynamics) als eine wesentliche kulturelle Kraft. Mit »Grün« verbinden sich folgende Eigenschaften: pluralistisch, postmodern, relativistisch, individualistisch, und eine multikulturell-menschliche Verbundenheit.

In den 1960er-Jahren überholte Grün das bisher vorherrschende Orange, das sich am besten mit folgenden Eigenschaften definieren lässt: modern, rational, Vernunft, formal, leistungsorientiert, Fortschritt und Einkommenssteigerung.

Zunächst begann der grüne Entwicklungsschritt mit sehr angemessenen, gesunden Formen: die Bürgerrechtsbewegungen, die weltweite Umweltbewegung, der Aufstieg des Feminismus sowie eine erhöhte

Sensitivität für alle Formen sozialer Unterdrückung gegenüber praktisch jeder Minderheit.

Das Verstehen von Hintergründen, von systemischen Kontexten, spielte dabei eine wesentliche Rolle.

Der integrale Vordenker und Philosoph Ken Wilber stellt fest, dass 1959 nur 3 % der westlichen Staaten bei Grün angelangt waren. 1980 waren es nahe 20 %. Heute sind um die 30 % der westlichen Bevölkerung »grün« – Deutschland dürfte mit wesentlich mehr Prozenten heute führend sein.

Jede neue Entwicklungsstufe im Modell von Spiral Dynamics weist zu Beginn ein evolutionär-differenzierendes Weiterentwickeln auf. Doch zum Ende einer Stufe kommt es oft zu starren, fehlfunktionalen Verhaltensweisen. In den letzten Jahren entwickelte die an sich progressive humanistische und menschenoffene grüne Sichtweise klar ungesunde Ausprägungen:

Aus einem weit gefassten Pluralismus (denken Sie nur an die wunderbaren Songs eines Konstantin Wecker in den 80er-Jahren!) wurde heute ein unkontrollierbarer Relativismus.

Die ursprüngliche Absicht des Internets (»gelb«) war die eines globalen, freien, die Menschheit vereinigenden, von Unterdrückung, Informationseigentum, Machtstrukturen und Isolation befreiten Austausches. Das Netz wurde als »globales Gehirn« angepriesen, offen für alle und alle demokratisch einschließend. Doch selbst wenn das Internet globale (gelbe) Strukturen aufweist, so sind dies die einzelnen Geistesverfassungen, die es nutzen, noch lange nicht. Ken Wilbers Erkenntnis, dass bei Erreichen einer neuen Entwicklungsstufe die alte Stufe transzendiert *und integriert* werden muss, bleibt immer noch in der derzeitigen Weltpolitik nahezu unberücksichtigt.

So ermöglicht der Online-Austausch in seiner vernetzten Anonymität, die eigene Identität (und Entwicklungsfarbstufe) zu verstecken.

Dies erlaubt regressive Tendenzen von Aggressionen, Hass, sexistische, rassistische, fanatische ethnozentrische Mitteilungen, ohne dass es irgendeine verfügbare Wahrheit zur Kontrolle gäbe.

Aus einem weit gefassten »grünen« Pluralismus, der auf Humanität beruht, entstand so ein unkontrollierbarer Relativismus, der allen »Farbstufen« erlaubte, sich weltweit kommunikativ zu verbreiten. Wir müssen heute nachdenklich innehalten und verstehen lernen, wie wir die ethnozentrischen (rot-blauen) Ansichten großer Teile der Bevölkerung nicht als rückständig abwerten, sondern wie wir diese Menschen integrieren und in ihren Nöten unterstützen können. Damit sie von sich heraus weitere Entwicklungsschritte machen und einen gerechten Platz in unserer globalen »einen Welt« finden können.

Das pluralistische, grüne, empfindsame Selbst dient einem wundervollen Zweck: Es hilft dabei, die starre formal-rationalistische Weltanschauung (orange) zu erweitern und die Augen für eine multikulturelle Vielfalt zu öffnen.

Doch wenn wir beim Pluralismus Halt machen, ohne nach tieferen, weiteren und integraleren Verbindungen zu suchen – das heißt, die Probleme aller Entwicklungsstufen (und »Farben«) dieser Welt einfach »postfaktisch« ignorieren, dann werden die Schrecken des Pluralismus den Alltag immer mehr beherrschen. (Siehe dazu: Ken Wilber: »An Evolutionary Self-Correction«, Vorabveröffentlichung, 2017, in: Integrale Perspektiven, 2 / 2017)

Um uns gut auf der grünen und auch gelben Entwicklungsstufe bewegen zu können, brauchen wir die gesunden Anteile und Fähigkeiten aller (farbigen) Entwicklungsstufen. Wir müssen deren pathologische Sichtweisen zum einen in die Schranken weisen – zum anderen aber auch Hilfsmittel bereitstellen, um eine transzendierende Weiterentwicklung der jeweiligen Stufen zu ermöglichen.

So ist mittlerweile bekannt, dass es unter jungen männlichen Afrikanern aus Dürregebieten ein neues Initiationsritual gibt:

Ein fähiger, kraftvoller junger Mann muss es schaffen, nach Europa zu gelangen, dort Geld und eventuell auch eine Ausbildung zu erhalten, um dann wieder als erfolgreicher Mann zurückzukehren und seinem Land und seiner Familie Beistand zu leisten, um ein besseres Leben zu führen (von purpur – mit roten Lebensenergien – zu blau (Sicherheit und Verantwortung), zu orange – erfolgreich seinen Platz in der Welt finden).

Wenn wir dies verständen und unterstützten, wäre dies eine hocheffektive Möglichkeit, Entwicklungschancen in afrikanischen Regionen zu beschleunigen! Dazu müssten wir von der immer noch vorherrschenden Top-down-Politik zu einer (grün-gelben) Bottom-up-Politik wechseln. Es wird höchste Zeit!

Mit der Grundidee von Spiral Dynamics können wir die derzeit verworrene komplexe Weltlage zumindest besser begreifen.

Auf den folgenden Seiten werden Sie nun verschiedene kulturpsychologische Menschenbilder aus unserer Kulturgeschichte genauer kennenlernen: Helden und Götter im antiken Griechenland, Heilige und Sünder im Mittelalter sowie Subjekte und Objekte in der Aufklärung und Neuzeit.

Denn wir müssen die Stärken aller Entwicklungsstufen neu aktivieren, um in einer zunehmend komplexer vernetzten Wirklichkeit aus den Erkenntnissen der gesamten Kulturentwicklung neue (grüngelbe) Handlungsoptionen zu entwickeln (die Schwächen der jeweiligen Stufen sollten wir allerdings erkennen und »transzendieren«, die »Störungen« aber auch kompetent zurückweisen).

So könnten die Stärken eines hedonistischen, begeisterungsfreudigen alten Griechen (*purpur*), eines gläubigen und schicksalsergebenen Christen im Mittelalter (*blau*) und eines aufklärerischen modernen

Rationalisten (*orange*) vielleicht zu einem (*gelben*) integrativen inneren Team zusammengeführt – und vielleicht sogar zukunftsoffen transzendiert werden (*türkis*).

Zurück für die Zukunft: Antike

Im antiken Griechenland war ein erfülltes Leben nur in Harmonie mit den Göttern denkbar. Die Götter vermittelten den Griechen ein Gespür für das Leuchtende, das der Freude wie dem Leid in einem sinnvollen Dasein zugrunde liegt.

Die kollektiv erlebten Stimmungen, von Göttern getragen, vermittelten einen Zugang zu den positiven Phänomenen des Seins und bewegten die Menschen zu heroischen und leidenschaftlichen Handlungen. (H. Dreyfus: »Alles, was leuchtet«, 2014)

Doch die alten Götter waren auch allesamt in diverse systemische Familienstrukturen und Händel verstrickt und berücksichtigten das große (Welt-)Ganze relativ wenig.

Dennoch können wir für ein sinnhaftes Eingebundensein in unsere Lebenswelt von den alten Griechen einiges lernen: In Homers Ilias werden Sinnbezüge geschildert, die sich von unseren modernen, rationalen und ichzentrierten Vorstellungen ziemlich unterscheiden:

König Menelaos von Sparta veranstaltete nach dem Ende des zehnjährigen Kriegs gegen Troja ein Gastmahl, bei dem seine nun zurückgekehrte Gemahlin Helena – die schönste Frau der Welt – berichtete, wie sie vor längerer Zeit Menelaos und ihr kleines Kind verlassen hatte, um mit dem Königssohn von Troja, Paris, davonzulaufen und aufregendste erotische Abenteuer mit ihm zu erleben (diese Tändelei war Ursache für den Trojanischen Krieg).

Der König und der versammelte spartanische Adel lauschten hingebungs-
voll den Erzählungen Helenas, und anschließend gratulierte ihr der eigene
Ehemann: »*Wahrlich, Frau, du hast wohlziemende Worte geredet.*«

Wir würden uns entrüsten über diese verantwortungslose Ehefrau
und Mutter, die mit einem knackigen jungen Mann davonläuft und
sich anschließend noch mit den sexuellen Erlebnissen brüstet. Doch
Homers deutliche Bewunderung für Helena zeigt, dass sein Verständnis vom menschlichen Handeln und Sein sich radikal von dem uns-
rigen unterschied. Helena hat im Sinne von Aphrodite, der Göttin
der sinnlichen Begierde, gehandelt (fairerweise muss man aber auch
zur Kenntnis nehmen, dass Helena allen Anwesenden leichte Drogen
in die Getränke gemischt hatte, die ihre erotische Anziehungskraft
noch erhöhte und sicher auch einen Teil zur ausbleibenden Entrüs-
tung beitrugen).
Als Menelaos an diesem Abend zu Bett ging, ruhte Helena, »die Herr-
liche«, wieder neben ihm.

Im homerischen Griechenland hätte es niemals Heilige geben können – sie wären als schwach und nicht konfliktfähig bemitleidet worden. Ebenso wenig konnte es im Mittelalter griechische Helden geben:
Sie wären als impulsive und verantwortungslose Sünder betrachtet
worden (in Dantes Höllenfahrt sind Paris und Helena als zügellose
Triebmenschen in die Hölle verbannt).

Zurück für die Zukunft: Mittelalter

Im Mittelalter ist der Mensch – und mit ihm alles Wirkliche – von
Gott geschaffen. Gott ist der Schöpfer der Welt. Für Platon und Aris-
toteles ist Gott der Weltbildner, der das Chaos ordnet und gestaltet.
Augustinus hingegen denkt die Macht Gottes uneingeschränkt – da-

her kann es nichts geben, was Gottes schöpferischem Willen vorherginge, also auch kein an sich bestehendes Chaos.

Der christliche Gott ist aber auch grenzenlose Liebe, mit der Verantwortung für jeden Christen, sich um das Leiden in der Welt zu kümmern. Dieser ethische Anspruch ist der Antike noch relativ unbekannt. Im Christentum entsteht eine tiefinnerliche und persönliche, durch das eigene Gewissen und durch die erlösende Geschichte vom Leben und Leiden Jesu vermittelte Beziehung zu Gott.

Die unverkennbare Botschaft der Liebe und des Mitgefühls findet auch starke Entsprechungen im Buddhismus, der das Mitgefühl als höchsten spirituellen und ethischen Wert mit Nachdruck ins Zentrum stellt. Als der Dalai Lama einmal als »guter Christ« bezeichnet wurde, stimmte er freudig zu. Denn das Gebot der Heiligen Schrift »Du sollst deinen Nächsten lieben wie dich selbst« fasst wunderbar zusammen, was für einen Buddhisten Mitgefühl bedeutet (auch wenn für den Buddhismus aus philosophischer Sicht angesichts der zentralen Bedeutung von Kausalität jeglicher Begriff des Absoluten problematisch ist).

Dante Alighieri (geboren 1265 in Florenz, gestorben 1321 in Ravenna)
Dantes Commedia (um 1300 angesiedelt) ist sein bekanntestes Hauptwerk, das die italienische Sprache in die Literatur einführte. Die »Göttliche Komödie« führte den Christen die Dimension der Verdammnis und der Erlösung vor Augen und schuf somit Sünder und Heilige.

Bestimmte Lebensweisen wurden verherrlicht und verkörperten die absolute Wahrheit (»commedia« im Italienischen hat nicht die Bedeutung von »Komödie« im Deutschen – es heißt nur, dass die Geschichte einen guten Ausgang nimmt).

Dante schildert seine Reise durch die Hölle (Inferno) zum Läuterungsberg (Purgatorio = Fegefeuer) bis hin ins Paradies (Paradiso). Hölle und Paradies sind in jeweils neun Schichten unterteilt.

Dantes Commedia gilt als das Hauptwerk der Scholastik und als eines der größten Werke der Weltliteratur. In der Welt des Mittelalters wurde allem ein hierarchischer Rang zugeordnet.

Je tiefer Dante in die Kreise der Hölle absteigt, umso sündiger war das Leben der Seelen gewesen. Je höher er steigt, umso größere Tugenden lebten sie.

Unter den neun Kreisen der Hölle ist der erste, die Vorhölle, die noch erträglichste. Sie ist reserviert für tugendhafte Heiden und ungetaufte Kinder. Dort finden wir auch Homer, Platon, Aristoteles und die Stammväter der Bibel, Abraham, Noah und David. Diese tugendhaften Heiden hatten leider das Pech, Jesus Christus nie zu erleben – daher konnten sie auch keine Christen werden (!).

In den nächsten vier Kreisen der Hölle finden sich Wollust, Maßlosigkeit, Habgier und Zorn – hierbei handelt es sich auch um Christen, die vom rechten Weg abkamen. Auch Nicht-Christen finden sich hier: Kleopatra, Tristan, Helena und Paris. Nach Dante sind sie alle Süchtige: Sex- und Fresssüchtige, Geldsüchtige usw.

Nach Dante wird der Mensch nur geboren, um Erfüllung in der unmittelbaren Gotteserfahrung zu finden.

Ab dem 6. Kreis beginnt die wahre Hölle – eine Festung, in der diejenigen sind, die Gott aktiv schmähen.

Die Kreise 1 bis 5 waren den fleischlichen Sünden vorbehalten, aber jetzt beginnen die geistigen Sünden. Homosexuelle und Selbstmörder sind im untersten Höllenkreis.

Im Mittelalter war die schlimmste Sünde, sich um der eigenen Autonomie willen aus der göttlichen Glückseligkeit auszuschließen. Die Aufklärung dagegen bewunderte und pries die Menschen, die sich unabhängig und völlig autonom eigene Gesetze gaben.

Auf seiner Reise in die *Himmelssphären* begleitet Dante seine Herzensdame, Beatrice, die Dante hinter sich zurücklassen muss, sobald er bei

Gott angekommen ist. Das göttliche Licht des Absoluten ist jedoch so überwältigend, dass es Dante nach Vollendung seiner »Commedia« völlig aus der Bahn wirft. Anstatt mit frischen Energien in die weltliche Politik zurückzukehren oder zu versuchen, das Leben zu führen, das die (reale) Beatrice ihm ermöglicht hätte, verliert Dante sein gesamtes Selbstwertgefühl. Dante geriet in Ekstase. Wenn die Kontemplation des göttlichen Leuchtens (mystische Erfahrung) zu einer so überwältigenden Seligkeit führt, wird alles Irdische bedeutungslos (= Schatten).

Zurück für die Zukunft: Aufklärung

In der Renaissance und dem aufkommenden Humanismus wurden die Naturwissenschaften und besonders das mathematische Denken zum Ideal des exakten Denkens. Wirklichkeit galt von nun an als einzig durch strenges Denken und Vernunft erfassbar.

Martin Luther (1483 – 1546) hat 200 Jahre nach Dante als Reformator wenig übrig für radikale Mystiker und Mönche, die abgeschieden von der Welt meditierten und dabei übersahen, dass nicht die ekstatische Kontemplation, sondern die Freude an der Gemeinschaft die eigentliche wirkliche und wahre christliche Stimmung war.

René Descartes (1596 – 1650) unternahm den nächsten großen Schritt in Richtung Autonomie im frühen 17. Jahrhundert. Er fokussierte ausschließlich auf das, was wir durch die Kraft unseres Willens erlangen können. Einer Empfänglichkeit für äußere Kräfte bedurfte es nicht mehr.
»Der Wille oder die Freiheit der Willkür ist so vorzüglich, dass ich aufgrund derer in mir ein Ebenbild Gottes erkenne.« Descartes methodisch radikaler Zweifel wirft den Menschen als einzige Gewissheit auf sich selbst zurück. Seit Descartes gelangt der Rationalismus und

die Vernunft als oberstes Erkenntnisprinzip zu bis heute allgemein-
gültigem Einfluss (»Ich denke, also bin ich«).

*In der Antike gab es Götter und Helden, im Mittelalter die christliche Welt
mit ihren Heiligen und Sündern. Descartes und Kant unterscheiden zwischen Subjekten und Objekten.*

In der **Aufklärung** des 17. Jahrhunderts wurde der rationalistische
Glaube aber auch ergänzt durch die Überzeugung, dass allen Menschen Freiheit, Gleichheit und Erziehbarkeit innewohnt. *Früher be-
deutete das Heilige, für Stimmungen empfänglich zu sein: Homers Götter
haben Stimmungen hergestellt und die Menschen damit zum Handeln bewegt. Im Mittelalter war es die ekstatische Seligkeit, bei Luther die Stimmung der Freude und Dankbarkeit.*
Seit Descartes steht es uns frei, allem und jedem um uns herum belie-
bige Bedeutungen zuzuschreiben. Nach Descartes ist jeder dank seiner
Vernunft und Erfahrung imstande, rational begründbare Regeln für
das, was in einer gegebenen Situation zu tun ist, zu erkennen. *Imma-
nuel Kant (18. Jahrhundert)* artikulierte die radikalste Vorstellung von
Freiheit: Wenn wir autonome Subjekte seien, dann können wir auch
kein anderes Gesetz für unser Handeln anerkennen als das, welches
wir uns selbst geben.
*Nun wird die schwerstmögliche Sünde der Seelen in Dantes tiefster Hölle
zur höchsten Tugend: Die Autonomie, die Fähigkeit und der Wille, sich
selbst die Gesetze des Handelns zu geben.*
Die kantische Philosophie ist tief verwoben mit unserer modernen
Welt. Auch für uns ist jeder Mensch selbst für sein Handeln verant-
wortlich. Sartres Existenzialismus bürdet jedem Menschen die totale
Verantwortung für seine Existenz auf. Die Geschichte hat jedoch ge-
zeigt, wie schlecht wir diese Aufgabe erfüllen. Weil ein freier Geist
Bedeutungen einfach erfinden kann, kann er sie auch jederzeit zurücknehmen und abändern. Selbsterdachte Bedeutungen haben keine
höhere Macht über ihn.

Kurze Weiterführung der Philosophiegeschichte

Bei **Hegel** (1770 – 1831), dem Vertreter des deutschen Idealismus, wird die gesamte Wirklichkeit wieder unter die Herrschaft des Geistes gestellt – dieser entfaltet sich aber in seinem Gegensatz, der materiellen Welt (und der Geschichte), aus der er dann wieder im Bewusstsein zu sich selbst zurückfindet. Dialektik als Entfremdung und Wiedergewinnung ist nach Hegel das einzig wahre Gesetz der Wirklichkeit und des Denkens.

Für **Karl Marx** (1818 – 1883) ist das Gesetz der Wirklichkeit ebenfalls die Dialektik – nur ist nicht der Geist die eigentliche Wirklichkeit, sondern die Materie (Marx: »Hegel vom Kopf auf die Füße stellen«). Der Geist ist nur eine Erscheinungsform der Materie und spiegelt deren Bewegungen (dialektischer Materialismus).

Bei **Schopenhauer und Nietzsche** (1844 – 1900) ist das Wesen aller Dinge der Wille zur Macht. Nicht mehr das Erkennen, sondern das Erschaffen steht nun im Vordergrund. Der Mensch allein ist jetzt der Schöpfer aller Werte.

Abschluss-Bonmot: »Gott ist tot« (Nietzsche) ---
»Nietzsche ist tot« (Gott)

Unsere Gegenwart

Die heutige Vorstellung unserer Existenz hat zunehmend weniger mit den ewigen und unvergänglichen Gewissheiten eines Platon oder Kant zu tun. Auch nicht mit dem Gegensatz »Geist« und »Materie«. In einer zunehmend integraleren Wirklichkeitssicht (*gelb*) verlieren einseitige Polaritäten ihre Aussagekraft. Nicht »Geist« oder »Materie«, nicht Monotheismus oder Vielfältigkeit – unsere Welt ähnelt eher einer modernisierten homerischen Erfahrungswirklichkeit mit vielgestaltigen und flüchtigen Erfahrungen.

Auch wir schätzen das Gemeinschaftsgefühl und die Bedeutung herausragender Momente, zum Beispiel bei Familienfeiern, im Freundeskreis oder bei sportlichen Ereignissen, denen mit Inszenierungen und Abspielen von Nationalhymnen Wichtigkeit und Bedeutung verliehen wird. Solche Gemeinschaftsmomente bieten etwas, was der Autonomie fehlt – das Gefühl, an etwas teilzuhaben, das größer ist als alles, was ich aus mir selbst heraus schaffen könnte.

Dabei gibt es auch Gefahren – wir Deutschen sind aus eigener Erfahrung hierfür sehr sensibel. Wir brauchen daher eine Fertigkeit, die entscheidenden Unterschiede zwischen einer gefährlichen und einer harmlosen Begeisterung zu erkennen. Heute erfordert ein sinnerfülltes Leben in unserem säkularen Zeitalter die Kunstfertigkeit, erkennen zu können, wann man sich mit der Masse ekstatisch erheben und wann man auf dem Absatz kehrtmachen und sich schleunigst von ihr entfernen sollte.

Ein modern-integral-empfindender Lebenskünstler unserer poly-heiligen Welt wird, ohne zu zögern, augenblicklich wissen, wann die Mikrowelle und wann ein Festmahl gefragt ist.

Er wird die Kunstfertigkeit erworben haben, sich einerseits von den »ekstatischen und unzivilisierten Göttern des Sports« überwältigen lassen zu können und andererseits die Rhetorik eines fanatischen und gefährlichen Demagogen zu durchschauen.

Unsere hochtechnisierte Welt wirkt – im Vergleich zu der gefühlsintensiven und bedeutungsvollen Welt der homerischen Griechen oder der durch Jesus Christus in Freude und Schmerz mitfühlend getragenen Welt des Christentums – oft verarmt und oft sinnleer. Doch wir können nicht zurückkehren zu Homers Welt, in der das Leuchtende all des Heiligen der alten griechischen Götter wie eine Welle aufwallte und die Menschen eine Weile trug, bevor es wieder an Kraft verlor und von ihnen abließ. Denn heute besitzen wir – neben leuchtenden Momenten – Gefühle der Verantwortlichkeit für die gesamte Biosphäre und entwickeln dafür notwendige Fähigkeiten durch Vernetzung und Globalisierung moralischer, wissenschaftlicher und weltethischer Perspektiven. Erst heute werden wir allmählich fähig, für *alle* Seinsweisen des Universums einen Platz in unserer Welt finden – und sollten uns vom alten Griechenland, dem Mittelalter und der Aufklärung die positiven Aspekte aneignen, ohne deren absolute Einseitigkeit zu übernehmen.

Würde es uns gelingen, die gemeinsame Essenz der Weltkulturen anzuerkennen – es entstünde ein idealer Konsens für eine zukunftsoffene globale Sichtweise.

LEKTION FÜNF
Kommunikationspsychologie
Vom polaren Denken zum integralen Bewusstsein

Die Kommunikationspsychologie wurde in den 60-Jahren des letzten Jahrhunderts durch Paul Watzlawick und Friedemann Schulz von Thun einem breiten Publikum zugänglich gemacht. Ein wichtiges Modell daraus ist das Werte-Rechteck.

Darstellung des Werte-Rechtecks

Menschliches Verhalten ist polar. Unsere kognitiven Denkstrukturen sind so angelegt, dass es von jeder Eigenschaft immer auch einen Gegenpol gibt: friedlich – konfliktfähig; großzügig – sparsam; ich-bezogen – sozial; alleine – zusammen usw.

Beispiel:

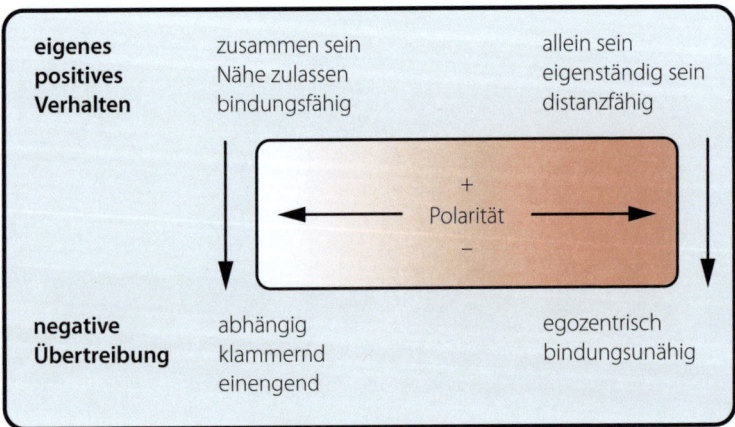

Erkenntnis 1: Wir denken in Gegensätzen.

Erkenntnis 2: Jede Polarität weist immer zwei Ausprägungen auf: eine positive und eine ins Negative übertriebene.

Erkenntnis 3: Eine Eigenschaft ist nur dann positiv, wenn sie noch einen Bezug zur ihrer Polarität aufweist. Ansonsten neigt sie zur Übertreibung und gerät damit ins Minus, da ihr das Korrektiv der Gegenseite fehlt.

Beispiel: Ja-Sagen ist nur dann positiv, wenn man bei Bedarf auch Nein sagen kann. Wenn Nein-Sagen »im Schatten liegt« – wenn man niemals Nein sagen kann, dann wird man ein »Ja-Sager«, konfliktunfähig und harmoniesüchtig.

Ursachen für problematische Beziehungen liegen oft in zu unterschiedlichen Erwartungshaltungen: Wird das Verhalten eines anderen für uns schwierig, so hängt dies oft mit unserem eigenen »Schatten« (C.G. Jung) zusammen, das heißt, diese Verhaltensweise ist uns fremd und wird daher leicht negativ überbewertet und abgewertet.

Der »Schatten« kann hellgrau bis tiefschwarz sein: Je dunkler der eigene Schatten, umso mehr übertreiben wir selbst auf unserer Werte-Rechteckseite und rutschen ins Minus: Wenn Sie kein Gespür mehr dafür haben, dass »alleine sein« auch ein positiver Wert ist, fehlt Ihnen das Korrektiv der Gegenseite und Sie übertreiben den Wunsch nach Zusammensein. Den Abgrenzungswunsch Ihres Partners können Sie dann nur mehr im Minus des Schattens als Egozentrik interpretieren.

Beispiel: Eine verwitwete Oma lebt bei ihren Kindern und Enkeln. Sie möchte gerne viel mit ihrer Familie zusammen sein. Wenn diese einmal etwas ohne Oma unternehmen möchten, meldet sich bei ihr der »Schatten«:

hellgrau: »Ich würde zwar gerne mehr mit den Kindern zusammen sein, respektiere aber deren Wunsch, sich – öfter, als mir lieb ist – zurückzuziehen.« (Alles bestens! Oma kann gut alleine sein und auch

gut mit der Familie zusammen sein. Sie bewegt sich in der positiven Polarität.)
schwarz: »Unmöglich diese Kinder! Egozentrisch, denken nur an sich! Und was habe ich alles für sie getan!«

Die Entwicklungslinie geht jetzt von der negativen Übertreibung hin zum positiven Gegenpol: Die Oma müsste sich um mehr Eigenständigkeit bemühen – damit wird ihr »Schatten« heller.

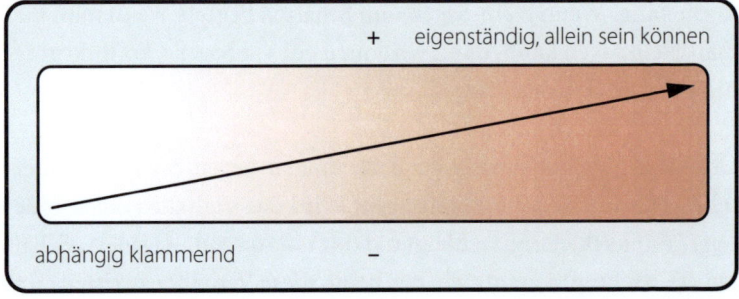

Homöopathisch ausgedrückt, könnte man den Erkenntnisgewinn dieses Modells auch so formulieren: Das, was Sie am anderen am meisten stört, benötigen Sie selbst in einer gesunden Dosis (den positiven Aspekt, der im »Schatten« liegt) – für Ihre eigene Weiterentwicklung und Gesundung.

Zu Beginn einer Beziehung ist positive Polarität meistens sehr attraktiv: Sie verlieben sich wahrscheinlich nicht in jemanden, der die gleichen »Macken« hat wie Sie selbst – Sie verlieben sich in jemanden, der dort über Stärken verfügt, wo Sie selbst weniger Kompetenzen besitzen. So finden und ergänzen sich: der Ruhige und der Vielredner, der Lebensfrohe und der Verantwortungsvolle, der Durchsetzungsfähige und der Friedliche.
Eigentlich müssten wir beim ersten Kennenlernen ehrlicherweise sagen: »Ich habe hier ein schattiges Plätzchen neben mir – willst du es mir nicht aufhellen?«

In Paartherapien frage ich manchmal zerstrittene Paare:
»Was hat Ihnen an Ihrem Partner/Ihrer Partnerin gefallen, als Sie sie/ihn kennen gelernt haben?« Meist ist das genau die Eigenschaft, die sie heute stört (sie ist nur vom Plus ins Minus gerutscht).

Das heißt: Sie lassen sich das Anderssein vom Partner gerne schenken – wenn jedoch diese Eigenschaft später gegen Sie gewendet wird, dann sehen Sie nur mehr den fremden dunklen »Schatten« in seiner Minus-Ausprägung.

So wird aus der temperamentvollen Partnerin, die Ihr Leben als eher ruhiger Zeitgenosse angenehm in Schwung bringt, irgendwann eine hysterisch-nervige Frau, die Türen knallt und launisch ist. Und umgekehrt wird der ruhige, in sich ruhende Partner, der wie ein Fels in der Brandung zuverlässig Sicherheit vermittelt, in Konflikten für die Partnerin zum »gefühlskalten Klotz«. Und sie fragt sich verzweifelt: Wie viele Gläser muss ich noch an die Wand werfen, damit der Kerl endlich einmal reagiert!

Fazit: In Konfliktsituationen handelt es sich oft um die gleiche Polarität, die zu Beginn einer Beziehung so faszinierte. Mit dieser Erkenntnis könnten Sie als eher ruhiger Partner fair zu Ihrer Partnerin sagen: »Ich liebe dich und dein Temperament. Aber wenn du Tassen an die Wand wirfst, ist das für mich so unglaublich fremd, dass ich mich völlig zurückziehe, nichts mehr sagen kann und dich nur mehr als hysterisch gestört empfinde.«

(Zudem müsste der Ruhige etwas mehr sagen, was bei ihm los ist – und der Temperamentvolle etwas vorsichtiger und zurückhaltender agieren = das störende Verhalten des Partners in einer gesunden, positiven Dosis bei sich selbst ausprobieren (Homöopathie-Prinzip.)

Beim Werte-Rechteck gibt es noch eine *zweite Variante:*
Wir sind dann zu ähnlich! (»Zwei Diebe brauchen sich nicht vorzustellen, sie erkennen sich auf den ersten Blick!«). Wenn der andere ein dem unseren sehr ähnliches Verhalten aufweist, kann es in Konfliktsituationen dazu kommen, dass wir das gleiche Verhalten bei uns

selbst als positiv bewerten, dem anderen aber das Minus zuweisen. Wenn wir also jemandem begegnen, der uns sehr ähnlich ist, das heißt, der die gleichen Tricks und Strategien anwendet, die wir selbst nur zu gut kennen, kann es leicht zu Konkurrenz und dann zur Abwertung kommen: »Ich bin ja schon selbstbewusst, aber der andere, der ist wirklich arrogant!«

Oder: »Ich bin ja weiß Gott charmant, aber die neue Mitarbeiterin – wie die sich beim Chef einschmeichelt!«

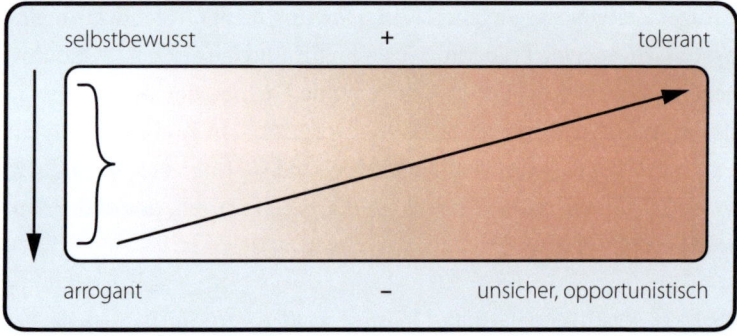

Es ist im kommunikativen Miteinander sehr sinnvoll, sich auch dieser Beurteilungsfalle bewusst zu werden. Die Entwicklungslinie bei Ähnlichkeit geht dann zur anderen Rechteckseite in den positiven Schattenbereich (das Gleiche gilt natürlich auch für den (eventuell wirklich) arroganten Gegenüber – aber jetzt geht es erst mal um Sie!). Sie sollten sich daher dem arroganten Gesprächspartner gegenüber etwas toleranter und »bescheidener« verhalten, um nicht in einem Machtkampf selbst zur Arroganz abzugleiten. Sollte Ihr Gegenüber allerdings weiter arrogant bleiben, dann haben Sie die Freiheit, den Kontakt abzubrechen oder selbstbewusst (ohne Überheblichkeit) Ihren Standpunkt darzulegen.

Fazit: Starke Unterschiede wie starke Ähnlichkeit haben im Positiven eine hohe Faszination, in Konfliktsituationen kommt es aber leicht zu Missverständnissen, Abwertung und Konkurrenz.

Diese Kenntnisse werden – wenn es um Macht und Durchsetzung geht – häufig auch **sprachmanipulatorisch** eingesetzt:
Wir selbst haben Aufklärungsflugzeuge, der Gegner hingegen Spionageflugzeuge.
Wir haben Freiheits- oder Widerstandskämpfer, die Gegner sind Terroristen.
In Firmen-Annoncen werden durchsetzungsfähige (»rücksichtslose«) und hochmotivierte (»strapazierfähige«, ehr-»geizige«) Mitarbeiter gesucht. Und Reisebüros werben für die »schönsten Wochen des Jahres« (= träge und faul sein).

Sprache lässt sich sehr geschickt für eigene Interessen manipulieren!

Das Werte-Rechteck im personzentrierten Bereich (grün)

Im helfenden und beratenden Bereich der personzentrierten Therapie werden Erkenntnisse des Werte-Rechtecks angewendet, ohne explizit benannt zu werden.
In humanistischen Therapien gibt es nur ganz wenige ausdrücklich benannte »Techniken« – das »Spiegeln« ist eine davon.
Dabei werden – immer auf dem Hintergrund wertschätzender Grundhaltung, Empathie und persönlicher Echtheit (Kongruenz) – die Aussagen eines Klienten verdichtet zurückgesagt.
Im amerikanischen Sprachduktus werden dafür einfache Bilder verwendet, um einen Sachverhalt darzustellen (im Deutschen wirkt das manchmal etwas banal).
Gendlin erläutert die Spiegeltechnik mit folgendem Bild:
»Stellen Sie sich vor, Sie sitzen an einem sechsspurigen Highway und beobachten den Verkehr.
Sie sehen: Auto – Auto – **Feuerwehr** – Auto – Auto …
Die Feuerwehr müssen Sie sich merken (und verbal zurückspiegeln).
Die Autos sind nicht so wichtig.«
»Feuerwehr« – damit sind Gefühle, eigene Befindlichkeiten und

Ich-Aussagen gemeint. »Autos« hingegen sind all die Ausschmückungen, Detailschilderungen, Kommentare und Interpretationen, die eher unwichtig scheinen. Nach einem gekonnten »Spiegeln« wird Ihnen der Klient antworten: »Ja, genau!« – Das Wesentliche seiner Schilderungen wurde erfasst.

Ich erwähne die Spiegeltechnik, weil in sie eine wesentliche Erkenntnis des Werte-Rechtecks einfließt: Klienten, die sich selbst kritisieren, verwenden meist die Minusvariante. Diese kann aber niemals verstehend in die eigene Person integriert werden, da sie ja abgelehnt wird. Deshalb spiegeln wir den (verdeckten) Plusaspekt einer kritischen Aussage zurück. Sagt ein Klient zum Beispiel: »Ich würde gerne mehr Sport treiben, aber ich bin ein fauler Hund!« – dann wenden Sie folgende zwei Regeln an:

Regel 1: »aber« wird durch »und« ersetzt.
Regel 2: Minusaussagen werden ins Plus übersetzt.

Eine therapeutisch gute Antwort sähe in etwa so aus: »Ein Teil von Ihnen möchte gerne mehr Sport treiben und ein anderer Teil möchte ausspannen, sich erholen und nichts tun.«
Nun kann der Klient die beiden mit »und« verbundenen Aussagen einzeln fokussieren, danach den inneren Freiraum vergrößern und beide Möglichkeiten zugleich wahrnehmen.
Er kann erkennen, dass die Gegensätzlichkeit seiner Aussagen eventuell gar nicht so polar ist: Denn er könnte ja etwas Sport treiben und dann auch mal einen gemütlichen Abend ohne Programm verbringen. Der Klient (den ich hier zitiere) antwortete jedoch: »Nein, so geht das nicht! Wenn ich Sport treibe, dann richtig! Dreimal die Woche zwei Stunden!« Nun wird das wirkliche Thema des Klienten erkennbar: Es ist sein männliches Sportlerbild – wenn er dieses relativieren würde, dann könnte er beide Polaritäten stimmig integrieren. Dies zeigt, dass hinter den begrifflichen Polaritäten oft ein tieferes Thema verborgen ist. Dieses herauszufinden, ist die Aufgabe jedes guten Therapeuten.

Auf unser Beispiel bezogen: Der Gegensatz von »Sport« und »Entspannung« wird abgemildert, wenn man den soziokulturellen Hintergrund berücksichtigt.

Die Problematik der Polarität »Leisten« und »Ausruhen« wird dann als »stimmiger« Konflikt in einer Gesellschaft erkannt, die hohe Leistung und immerwährende körperliche Fitness als maximalen Wert vorgibt.

Der Klient müsste sich um einen neuen Lebenssinn bemühen, der über ihn hinausweist, der »mehr ist als er selbst« (Viktor Frankl). Dies kann in der Familie, in stärkerer Selbstfindung oder im Dienst für andere als sinnhaft und erfüllend erlebt werden.

Mit diesem Bewusstsein können wir uns wieder mit unserer ursprünglichen Lebenskraft verbinden und uns weiterentwickeln – persönlich, soziokulturell und weltzentrisch.

Im Folgenden werde ich Ihnen am Beispiel von *»Mystik«* und *»Ethik«* aufzeigen, wie sich Polaritäten auf den unterschiedlichen Entwicklungsstufen zunehmend verringern und wie sich die Semantik (Bedeutung) dieser Begriffe durch die Einbettung in größere Zusammenhänge immer mehr relativiert.

Beginnen wir wieder mit dem klassischen Werte-Rechteck:

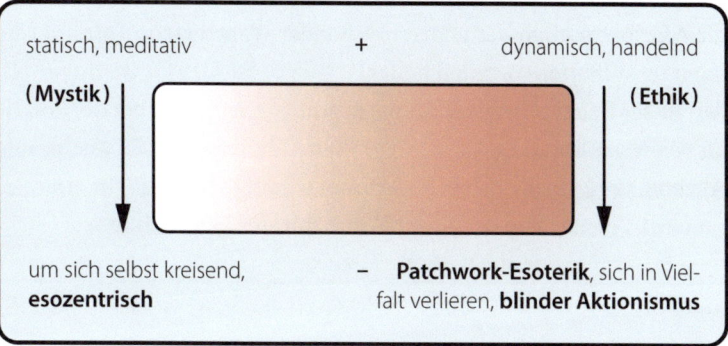

Mystik und Ethik sind im sprachlogisch-begrifflichen Denken polar. Mystik bedeutet eine tiefe innere (vorsprachliche und vorbegriffliche) Wahrnehmung und Erfahrung von Einheit.

Daran ist gar nicht so viel »Mystisches«, denn jeder kennt diese Augenblicke, in denen man für Momente tief empfindend und staunend mit sich und der Welt einfach im Einklang ist.

Ein Beispiel: Dorothee Sölle beschreibt in ihrem Buch »Mystik und Widerstand«, wie sie als junge Mutter ihre vierjährige Tochter zum Kindergarten brachte, um dann möglichst rasch zu ihrer Arbeitsstelle an der Uni zu gelangen. Doch die Kleine blieb immer wieder stehen. Dorothee Sölle zog sie ungeduldig und gestresst weiter. Plötzlich blieb das Kind hartnäckig stehen, zeigte auf eine Hausnummer, und las laut: »Sie-ben!« Es war das erste Mal, dass ihre Tochter etwas Geschriebenes erkannt und laut vorgelesen hat. Sölle beschreibt, wie aller Stress augenblicklich von ihr abfiel und wie sie ein tiefes Glücksgefühl durchströmte. *Das* ist Mystik.

Das Werte-Rechteck im integrativen (vernetzten) Bereich (gelb)

Im integrativen Bereich werden subjektive Begrifflichkeiten und ihre Polaritäten immer mehr in größere Rahmen eingebunden, die Hintergrundbedingungen eines Themas werden erforscht. Persönliche Spannungsfelder werden in soziokulturelle Kontexte eingebettet, wodurch die Akzeptenz einander widersprechender Wahrheiten zunimmt (die polaren »Schatten« werden heller).

Auf unser Beispiel bezogen: Ein integratives Selbst ordnet die Polarität von Mystik und Ethik in ein größeres Ganzes ein. Die wachsende Akzeptanz für beide Seiten liefert nun wichtige Impulse für ein toleranteres Verständnis der Komplexität unserer Wirklichkeit.

Bevor wir uns der integralen Stufe zuwenden, lassen Sie uns die bisherigen
Erkenntnisse nochmals kurz rekapitulieren:

Die (*orange*) Kommunikationspsychologie der 60er-Jahre hat die
Polarität unserer Denkstruktur im psychologischen Bereich erforscht.
Schulz von Thun analysierte unser Denken in Gegensätzen, inklusive
der positiven und negativen Ausprägungen. Große Unterschiede
und Ähnlichkeiten haben eine gewisse Attraktivität – bei Konflikten
kommt es dabei jedoch leicht zu Missverständnissen.
Der Begriff des »Schattens« zeigt bildhaft, wie eine »Aufhellung« des
Schattens zu Annäherung und Verständigung führen kann.
Im humanistischen (*grünen*) Bereich werden wahrnehmungspräzisie-
rend persönliche Themen hinter den Polaritäten erforscht, wodurch
in der Lebenswirklichkeit neue sinnhafte und akzeptierende Sichtweisen entstehen können.

Im integrativen (*gelben*) Bereich werden Begriffe und Polaritäten systematisch dekonstruiert und die zugrunde liegenden Hintergrundbedingungen bewusst gemacht. Feste Begrifflichkeiten werden dabei relativiert und in immer größere Wirklichkeits-»Rahmen« eingebunden.

Das Werte-Rechteck im integralen Bereich (*türkis*)

Auf diesem – Körper, Geist und Seele vereinenden – Niveau werden
Polaritäten noch tiefer auf ein zugrunde liegendes Feld bezogen. Polare Spannungen werden noch weiter relativiert, These und Antithese
in eine größere Synthese eingebunden.
Auf der integralen Entwicklungsstufe kann ein authentisches Selbst
wesentlich besser mit den Gegensätzen von ethischem Handeln und
mystisch-versenkendem Nicht-Handeln umgehen.

Es ist sich der Übergänge meistens nicht einmal mehr bewusst und bewegt sich – im Idealfall – fortwährend von einer Polarität zur anderen,
ohne dass es einen Schatten – ja nicht einmal mehr einen Schleier –

zwischen beiden gäbe. Beide Seiten sind zugleich zugänglich und vorhanden – sie werden ununterscheidbar.

Ein solcher Mensch zeigt seine Gefühle, Emotionen und Leidenschaften, ohne andere (absichtlich) verletzen zu wollen. Er hat die unerschütterliche Gewissheit des All-Eins-Seins tief in seinem Inneren – nicht nur wenn er in Ruhe meditiert, sondern auch wenn er »in der Welt«, im Alltag und Beruf agiert.

Er wird beim Einkaufen, wie viele von uns, Schwierigkeiten haben, unter 20 Brotsorten auszuwählen. Er ärgert sich, wenn ihm der Bus vor der Nase wegfährt. Aber er haftet an diesen realen Empfindungen nicht mehr wirklich tief an. Er handelt kongruent und kann sein Verhalten dem jeweiligen Zeitpunkt, Ort und der jeweiligen Situation flexibel anpassen.

Manche Menschen ringen oft jahrelang – ich-bezogen – mit ihrer Polarität. Sie sind der Überzeugung, dass sie nur durch intensives Üben und Vorschriften-Befolgen zu »erleuchteter« Wahrheit gelangen könnten. Ein sehr ernsthafter und bemühter Klient sagte mir einmal: »Ich sitze jeden Tag mindestens zwei Stunden auf meinem Meditationskissen und halte mich genau an die vorgeschriebenen Übungen – ich habe nun ausgerechnet, dass ich, wenn ich durchhalte, in elf Jahren erleuchtet bin.«

Almaas, ein westlicher Sufi-Meister, sagt:
»Es gibt nichts Besseres als die Einfachheit – in sich selbst zentriert zu sein, zu erkennen, wer man ist und das Gefühl der Vertrautheit und der Wirklichkeit darin zu verspüren. Die ganze innere Reise, die gesamte psychospirituelle Suche hat im Grunde nur ein einziges Ziel: wirklich der zu sein, der wir sind.«

Mutter Theresa ist ein tragisches Beispiel dafür, was geschieht, wenn man sich ethisch handelnd für seine Mitmenschen aufopfert und die eigene mystische Innenschau dabei zunehmend »vergisst« (in den Schatten verbannt): In ihrem Tagebuch beschreibt sie, dass sie schon seit vielen Jahren Gott verloren habe und innerlich dunkel, depressiv und verzweifelt war. Ihre Seele sei »wie ein Eisblock«, sie sei »von Gott nicht gewollt«, heißt es in ihrer Korrespondenz, »zurückgestoßen – leer – kein Glaube – keine Liebe. Nur Dunkelheit in meiner Seele – und diese schreckliche Leere, dieses Gefühl der Abwesenheit Gottes.«

Zum Abschluss dieses Kapitels möchte ich Ihnen das kosmogonische Geheimnis (= Lehre von der Entstehung des Weltalls) der babylonischen Priester verraten – die geheim gehaltene Zahlenmystik der Adyta arcanta, die auch Pythagoras in einer Einweihung erfahren hat.

Kosmogonisches Geheimnis der babylonischen Priester

»Die Eins ist der Schoß, aus dem die Zwei bricht, die Vielheit. Aber hinter allem steht die Idee der Null als namenloses Mysterium allen Seins, das für uns für immer unsichtbar bleibt, unerreichbar und unbegreiflich.«

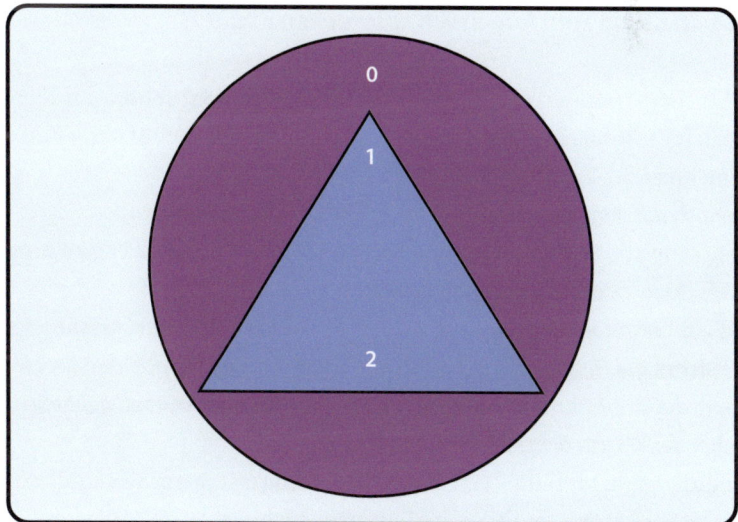

Im Klartext: Ein integrales und bewusstes Selbst hat die strahlende Energie des »All-Eins-Seins« – der Eins – tief in sich. Ihm gelingt es, im dualen Bereich (der Zwei) aktiv sein einmaliges Leben zu leben, ohne an den polaren Widersprüchlichkeiten des Lebens zu »ver-zwei-feln«.

Die polare Welt ist voll zugänglich und die Schatten sind nur mehr leichte Schleier. Und hinter und über allem steht das »Göttliche« – die babylonische »Null« – unzählbar, zeitlos, gleichzeitig, ich, du, wir, alles.

Ein authentisches Selbst erlaubt es Ihnen, durch Ihr »In-der-Welt-Sein« ganz in den Grund des eigenen Bewusstseins einzutauchen. Dann können Sie staunend erkennen, dass Sie in allem, was Sie tun und nicht tun, immer in ein göttliches Mysterium eingebettet sind.

Ein letzter Tipp aus den Mysterienkulten des antiken Griechenland – den die Hierophanten des schwarzen Tempels von Eleusis (Athen) ihren ratsuchenden Adepten immer wieder mitgaben: *Lebe – und du weißt!*

Ein (sehr) persönliches Beispiel – als Abschluss und Überleitung zum folgenden spirituellen Kapitel

Als meine Mutter vor wenigen Jahren mit über 90 Jahren im Sterben lag – zuhause in ihrem Pflegebett – spielte ich ihr auf der Gitarre nochmal ihr Lieblingslied vor:

»Hoch auf dem gelben Wagen sitz ich beim Schwager vorn.«

Sie sang alle Strophen mit und war trotz ihrer sonstigen Verwirrung sehr klar. Die letzte Strophe lautet:

»Sitzt einmal ein Gerippe hoch bei dem Schwager vorn, schwingt statt der Peitsche die Hippe, Stundenglas statt das Horn, sag ich ade nun Ihr Lieben, die Ihr nicht mitkommen wollt. Ich wäre ja so gerne noch geblieben, aber der Wagen der rollt.«

Dann meine Mutter: »Jetzt fahren wir! Bring mir meine weiße Handtasche!« Ich gab sie ihr. »Ist alles drin«? Ich sagte: »Ja« (die Tasche war leer). Sie streichelte meine Hand und sagte: »Es ist so schön, dass es dich gibt!« – lächelte mich an, wendete ihren Kopf und schlief ein.

Im Raum war eine unglaublich friedliche und energetische Atmosphäre. Ich war tief berührt – doch dann meldete sich mein Intellekt: Kommt sie jetzt in den Himmel oder die Hölle? »Quatsch«, sagte ich mir – »das wär ja Borderline!« (= extremes Polarisieren von »Gut« und »Böse«, ohne verbindende Mitte).
Oder wird sie wiedergeboren? Als was? Oder wird sie vielleicht ein Kohlenwasserstoffatom in einer Blume in meinem Garten?

Da kam mir Gott sei Dank die babylonische Null zu Hilfe – und ich sagte zu mir selbst: »Hör auf so zu denken!«
Mein »plappernder Verstand« wurde still, und ich durfte in einem bewegenden Moment erfahren, dass es so etwas wie einen »göttlichen Funken« wirklich gibt, ein »Mysterium«, größer und mehr, als mein Verstand je fassen kann.
Als mir bei der Trauerfeier »Herzliches Beileid!« gewünscht wurde, antwortete ich anfangs ganz ehrlich: »Danke! – Sie brauchen mir kein Beileid wünschen – ich bin berührt, ich staune, mir geht es gut!« (Wegen mancher Irritation, die ich damit hervorrief, ließ ich das dann aber bald wieder sein.)

Drei Wochen später kam meine erste Enkelin auf die Welt – und wieder empfand ich:

... ein tiefes staunendes Berührtsein ...

LEKTION SECHS
Spirituelle Psychologie

Alle Weisheitslehren stimmen in einer grundlegenden Aussage überein: Alles ist mit allem verbunden – in einem unteilbaren, essentiell lebendigen und schöpferischen Wesensgrund. Jeder Einzelne ist eingebunden in ein größeres Ganzes, von dem er ein Teil ist und an dem er kreativ mitwirkt.

Personzentrierte Psychologie fördert und unterstützt persönliche Veränderungsprozesse, wozu auch transpersonale Erfahrungen der Erweiterung des Bewusstseins gehören. Da ein spiritueller »Felt Sense« (= gefühlte Bedeutung) den innersten Lebensgrund berührt, kann so der Weg zu einer spirituellen Erfahrung jenseits formulierter Meditations- und Glaubenswege geöffnet werden.

Focusing im spirituellen Kontext angewandt, zentriert die Aufmerksamkeit auf das, was *der* eine nächste Schritt ist, der notwendig ist, dass sich das entwickeln kann, was gerade ansteht, was sich im Moment mit erster Priorität meldet. Denn dieses ganz Persönliche, das sich stimmig anfühlt, ist bedeutsam genug, um es mit dem ganzen Sein voll wahrzunehmen.

Ein transzendenter Erfahrungsprozess kann, muss aber nicht unbedingt einen Gott oder eine höhere Macht beinhalten. Viktor Frankls Sinnhaftigkeit – etwas, das über uns hinausweist, das mehr ist als wir selbst, kann auch in der Familie, in der Selbstfindung oder im Dienst für andere als spirituell erlebt werden.

Bei einem Kongress für transpersonale Psychologie 2001 in Freiburg habe ich einen Workshop über Focusing durchgeführt. Unter den Teilnehmerin-

nen und Teilnehmern befanden sich viele hochgebildete Menschen mit jahrelanger Erfahrung in meditativen und spirituellen Praktiken. Zu Beginn des Kongresses wurde mir erst so richtig bewusst, was ich alles nicht beherrschte. Zweifel tauchten auf: Was will ich eigentlich hier mit meiner Focusing-Methode?

Wie konnte ich nur auf so einem Kongress einen Workshop anbieten? Ich nahm mir vor, mich nicht an Definitionsfragen wie »Was ist wo und wie spirituell und warum?« heranzuwagen – ich würde nur einfache Focusingübungen durchführen.

Als am nächsten Tag mein Seminar begann, vermittelte ich zu Beginn etwas aufgeregt kurz die Schritte der Focusing-Methode. Dann bot ich eine Entspannungsübung mit Musik an und lud das Auditorium ein, über folgenden Satz zu fokussieren: »Es gibt etwas, was mich trägt und was mehr / größer ist als ich selbst.«

Die Teilnehmer sollten diese Worte offen auf sich wirken lassen – ganz egal, welche Bilder, Gedanken oder Gefühle auftauchen – ohne Bewertung und ohne etwas leisten zu wollen. Was immer auftaucht, die Teilnehmer sollten einfach nur freundlich und achtsam wahrnehmen. Nach zehn Minuten gab ich ein paar Entspannungssätze zum Ausklingen.

Nun war die Atmosphäre im Raum eine andere, die Teilnehmer hatten ihr eigenes Befinden fokussiert und waren tiefer und stimmiger mit sich verbunden.

Ein Teilnehmer, der regelmäßig meditiert und selbst buddhistische Retreats abhielt, hatte – wie er mir berichtete – im letzten halben Jahr sehr mit einer zunehmenden Unruhe zu kämpfen. Während der Focusing-Entspannungsübung stellte er erstaunt fest, dass er diese Unruhe vielleicht gar nicht als meditative Beeinträchtigung angehen sollte – er erlaubte sich, diese Unruhe zum ersten Mal einfach offen und freundlich zuzulassen und genauer wahrzunehmen. Dafür bedankte sich dieser Teilnehmer bei mir, was mich natürlich freute.

Doch es war nicht ich, der diesen »Felt Shift« (= gespürte Erleichterung) ermöglicht hat – es war die nicht wertende Akzeptanz und Präsenz seiner eigenen Wahrnehmung.

Psychologie und Spiritualität

Anselm Grün betont, dass Spiritualität nicht ohne Psychologie existieren kann. Unsere inneren Räume müssen lebensfähig sein – nur dann können wir »gut in den Raum unterhalb der Leidenschaften« kommen und ohne allzu dunkle psychische »Schatten« eine Klarheit und Reinheit entdecken.

Bei der Seinsverwirklichung »stirbt« das Selbst nicht, sondern wird – im Sinne Hegels – »aufgehoben«: aufgelöst, aufbewahrt und auf eine höhere Bewusstseinsstufe gehoben (was allerdings eine feine Unterscheidungsfähigkeit des Therapeuten erfordert!).

Gemeinsamkeiten von Spiritualität und Psychologie

Präsenz: Integrales Denken betont den Wert der Präsenz, den intimen Kontakt mit allem, was auftaucht, ob es Gedanken, Wahrnehmungen oder Gefühle sind. Aus dieser Verbindung von Lebenserfahrung und Sein entsteht das reife Individuum, die persönliche Essenz.

Verstehen ist eine Art Meditation: Es ist kein Suchen, kein Herausfinden – es ist eine spontane und mühelose Einsicht, einfach dafür zu sorgen, dass man präsent ist.

Achtsamkeit und Bewusstheit erlauben es uns, über das implizite Wissen, das wir durch unser Eingebundensein des »In-der-Welt-Seins« intuitiv wahrnehmen können, ganz in den Grund des eigenen Bewusstseins einzutauchen. Damit wird eine spirituelle Dimension berührt, die in jedem Bewusstseinsakt immer schon und unvermittelt vorhanden ist. Sämtliche Erfahrungen sind / können also psychologisch und / oder spirituell sein.

Intuition: Intuition (lateinisch: intueri) bedeutet: hineinblicken, den tiefsten Wesensgrund erkennen. Intuition hat Einsicht in das Potenzial einer Situation – in ihre Ursachen, ihre Zusammenhänge, Chancen, Gefahren und Konsequenzen. Intuition ist der Gegenpol zum rationalen Intellekt. Der Intellekt (lateinisch: intellegere = aufsammeln) verarbeitet das, was aus der Intuition entsteht.

Der Verstand sollte nicht vor der Intuition einsetzen, sondern mit und nach ihr. Also: zuerst nach innen, dann nach außen!
Wenn wir uns – wie in der westlichen Zivilisation – einer Sache zuerst rational zuwenden, sind wir schließlich damit so beschäftigt, dass wir das »Innehalten« oftmals vergessen.
Um den Geist vom rationalen Denken und der Fixierung auf Äußerlichkeiten wegzulenken und nach innen zu richten, müssen wir zuerst Projektionen, Konditionierungen und Identifikationen zurücknehmen (= nicht werten), um ein klares und absichtsloses Wahrnehmen einer Situation zu ermöglichen.
Wir fokussieren auf den inneren Bewusstseinsraum.

Erster Schritt: innehalten, Freiraum schaffen:
Nichts wollen, absichtslos erkennen. Die heitere Gelassenheit eines Jesus Christus, eines Dalai Lama oder das Schauen Krishnamurtis – sie sind allumfassend, relativ frei von wertender Anhaftung. In diesen wertvollen Augenblicken erfahren wir authentische Präsenz. Selbst Vergangenheit, Gegenwart und Zukunft sind in solchen erlebten Momenten nicht mehr getrennt, sondern präsent und stimmig miteinander verschränkt.
Für uns im Alltag heißt das: Unabdingbare Voraussetzung für diese Art des Wahrnehmens ist die **Wertschätzung**. Nur so können wir empathisch tiefer blicken, um über die Worte hinaus zu hören und zu versuchen, den ganzen Menschen, die ganze Situation wahrzunehmen.

Akzeptanz, Achtung und Würde sind der effektivste Weg, um zu einer »Identitätsbalance« (Habermaas), um zu einem Schwingungsaustausch zu kommen. Alles hat neben materiellen auch geistige und energetische Aspekte. Damit können wir den Zauber des »Wahren, Guten und Schönen« (Platon) wirklich erfahren.

Das Heilige und Profane, Gott und die Welt, sind »nicht-zwei« (sanskrit: advaita) – »die Natur ist per se immer schon mit dem Geistigen versehen« (Hans-Peter Dürr).

Das Geistige ist der innere Aspekt, Materie der äußere (quantenphysikalisch ununterscheidbar ineinander verschränkt).

Unser Bewusstsein hat die Wahl, sich auf »das eine« oder »das andere« zu beziehen – *oder auf beides*. In dieser Wahlfreiheit liegt nicht nur der freie Wille, sondern auch das Dilemma des Menschen begründet.

Psychotherapie und Spiritualität

Spirituelle Fragen werden in der klassischen Psychoanalyse und in der kognitiven und der Verhaltenstherapie immer noch als Symptom einer psychischen Fehlentwicklung bzw. als eine die Therapie behindernde Ideologie betrachtet. Humanistische Therapieformen zeigen hierbei eine wesentlich größere Bereitschaft gegenüber religiöser Spiritualität. Der Leiter der Klinik für psychosomatische Medizin in Bad Grönenbach schrieb hierzu: *»Die wissenschaftliche Psychotherapie hat noch eine gewisse Scheu, ihr Menschenbild um die spirituelle Komponente zu erweitern – zu einem bio-psycho-sozio-spirituellen Menschenbild.*

Diese Erweiterung wird von der Palliativmedizin und der Altersmedizin zunehmend mehr gefordert ... Bei der Seelsorge zeichnet sich ein anderes Bild ab: Aus seelsorgerischer Sicht ist bei der Aufarbeitung von erlittenen Beziehungsverletzungen und bei der Vergangenheitsbewältigung Vergebung unverzichtbar. Allerdings hat die Pastoralpsychologie noch keine genügend theologisch fundierte Methodik des Ablaufs eines Vergebungsprozesses entwickelt. Dies ist umso überraschender als Vergebung ein Kernthema der Theologie ist. Aus diesen Gründen ist ein intensiver Dialog zwischen Psychotherapeuten und Theologen wünschenswert«.

(K. Strauss: »Prozesse der Vergebung«, in: Charismen, Heft 4, 2014)

Spiritualität – Chance und Gefährdung

Psychisch gesunde Menschen weisen in ihrer Spiritualität und in ihren Glaubensvollzügen eine größere Reife der Persönlichkeit auf, wodurch sie auf projektive Mechanismen und magische Kontrolle in der Außenwelt weitgehend verzichten können.

Gesunde Spiritualität verfügt über ein stabiles Selbstwertgefühl und ein tragfähiges Urvertrauen. Es gibt gewisse Übereinstimmungen zwischen den Grenzerfahrungen im Spirituellen und dem Beginn einer Psychose, vor allem im Zustand ekstatischer Verzückung. Ein wichtiges Unterscheidungskriterium sind auch hierbei die Autonomie und Integrität der Persönlichkeit.

Auf jedem persönlichen Entwicklungsweg gibt es Hindernisse, Schwierigkeiten und Krisen. So kann es besonders labilen Menschen schwerfallen, bei spirituellen Übungen zu entspannen und loszulassen – und gleichzeitig dabei wach und achtsam zu bleiben. Starke persönliche Probleme, mangelnde Ich-Abgrenzung und schwelende Beziehungskonflikte können dazu führen, dass sehr rasch eine Identifikation mit einem Lehrer / Meister / Guru und seiner Methode gesucht wird, wobei die eigene Identität leicht zugunsten eines neuen Aufgehobenseins aufgegeben wird.

So ist im Zen-Buddhismus der sogenannte »Zen-Koller« bekannt und gefürchtet: Nach oft wochenlangen intensiven Trainingsperioden kann es vorkommen, dass Übende unter einen so großen psychischen Druck geraten, dass sie es nicht mehr aushalten und psychisch kollabieren. Bei dieser negativen Ich-Auflösung – im Gegensatz zu der angestrebten positiven Ich-Auflösung – kann es zu verschiedenen Reaktionen kommen: von desorientiertem Weglaufen über psychotische Schübe bis hin zum Suizid.

Andererseits können Krisen aber auch fruchtbarer Ausdruck sein für Wachstum und persönliche Entfaltung. Sie ermöglichen dann eine

Neuorientierung und das Aufgeben alter, »unaufgeräumter« Verhaftungen, was als befreiend und energetisierend erlebt wird.

Wir sollten daher erkennen, wie gering der subjektive Unterschied zwischen einer krankhaften und einer heiligen Ergriffenheit ist.

Der Unterschied in den Auswirkungen ist dagegen groß:

Es ist der Unterschied zwischen einem islamistischen Selbstmordattentäter und einem Nelson Mandela, Gandhi oder Martin Luther King.

Echte spirituell-psychologische Begleitung wird immer auch besonderes Augenmerk darauf lenken, ob jemand in der Lage ist, seine Lebensbereiche zuerst einigermaßen psychologisch zu ordnen, zu klären und aufzuräumen, bevor er sich seinen spirituell tieferen Dimensionen zuwendet.

Eine humanistische Grundhaltung fördert und ermutigt dazu, das Abenteuer zu wagen, in Kontakt mit sich seinen ganz eigenen spirituellen Weg zu suchen.

Eine Anleitung durch einen spirituell offenen Therapeuten und Lehrer kann dabei zusätzlich wertvolle Hilfestellungen bei Gefährdungen und Rückschlägen geben. Andererseits kann die Abhängigkeit von einem (durch Bewunderung narzisstisch gefährdeten) Lehrer aber auch zu Unselbständigkeit führen.

Heute liefert ein stark boomender postmoderner Jahrmarkt der Sinnangebote schnell konsumierbare Erklärungen und Entlastungen. Der durchschlagende Erfolg dieser Deutungen ersetzt eine Entzauberung der äußeren komplizierten Wirklichkeit durch eine Verzauberung der Innenwelt. Denn vielen ist die notwendige psychologische Arbeit an der eigenen Persönlichkeit zu mühevoll.

(Psychologie Heute, Februar 2017, S. 35)

Eine wirklich fördernde Psychologie überlässt es dem Einzelnen, etwas als psychologisch oder spirituell zu definieren. Ein Therapeut benötigt allerdings ein feines Unterscheidungsvermögen, die unterschiedlichen Energiefelder hierbei wahrzunehmen: Ist eine Depression ein eventuell spiritueller Schritt nach vorne: indem die Wirklichkeit als »göttliche

Komödie« erlebt wird, an der man immer weniger teilnimmt – um dann umso freier wieder in sie einzutauchen? Oder ist sie eine neurotisch-psychologische Dekompensation im pathologischen Sinne? Wirkliche spirituelle Psychologie führt zu einer vertieften Wahrnehmungsklarheit und schafft neben der Aufarbeitung individueller psychologischer Themen einen akzeptierend empathischen Raum für religiöse und spirituelle Präsenz.

Heilung kommt nicht vom Therapeuten und auch nicht vom Guru, sondern immer aus dem Menschen selbst heraus. Therapie – auch in ihren spirituellen Aspekten – ist ein gemeinsamer Prozess des Suchens und Findens.

Jeder Mensch hat einen heilen Kern: Die Christen nennen das den göttlichen Kern, die Buddhisten sprechen von der Buddha-Natur. Die Bezeichnung ist dabei nicht das Entscheidende, sondern die Haltung, dass es diesen Kern gibt und dass man eine Chance hat, die Selbstheilungskräfte zu stärken. Hierbei geht es um innere Weisheit. In einigen christlichen Klöstern ist die tief akzeptierende humanistisch-psychologische Grundhaltung wichtiger Bestandteil der geistlichen Begleitung.

Pater Anselm Grün bestätigt die Bedeutung, liebevoll in den Körper hineinzuspüren und der eigenen Sehnsucht zu trauen.

Im Idealfall wirkt ein Lehrer wie ein Bergführer, der anleitet, ermutigt, warnt und der die Entfaltung eines größeren Bewusstseins weckt. Ein solcher Therapeut / Lehrer / Mitmensch kann und wird völlig unauffällig fungieren, er hat es nicht nötig, spektakulär oder guruhaft aufzutreten.

Lao-Tse schrieb vor 25 Jahrhunderten über einen guten Führer:

> *Von einem guten Lehrer, der wenig darüber spricht,*
> *wenn seine Arbeit getan ist*
> *und sein Ziel erreicht ist, werden alle sagen:*
> *»Wir haben es selbst getan.«*

Humor und Spiritualität

Mit der Entwicklung eines spirituellen Bewusstseins – das heißt auch, mit zunehmender Akzeptanz – sollte sich eigentlich auch das Spektrum dessen weiten, was wir noch tolerieren und liebevoll belächeln können. Wie Wolf Schneider (»Auf der Suche nach dem Wesentlichen«, S. 146) schreibt, sollten wir »… lachen können über Heiliges, über Beängstigendes, … vor allem über uns selbst – wer das kann, ist frei von Ideologien und Selbstkonzepten«.

Demnach wird ein wirklich weiser Mensch an seinem entspannten Lachen zu erkennen sein, mit dem er »den kosmischen Witz unserer Existenz« durchschaut.

In der Psychologie der Neuzeit hat Freud als Erster die Beziehung vom »Witz und seine Beziehung zum Unbewussten« aufgezeigt. Witze sagen eine Menge aus über den Menschen, der sie erzählt – und über die Verklemmtheiten der jeweiligen Epoche: *Lieblingswitz von Freud: Das Liebespaar fuhr »gen Italien« (!).*

Humor und Lachen setzen aus psychologischer (und aus spiritueller) Sicht zweierlei voraus: erstens das Bewusstsein, dass man letztendlich immer über sich selbst lacht. Und zweitens ein Feingefühl im Umgang damit, wem gegenüber man Witze machen darf und worüber.

Der Hofnarr des Mittelalters und der absolutistischen Höfe verkörperte – wie auch der Narr aus dem Tarot und der europäischen Esoterik – den Niemand, den Weisen, der als Einziger alle Wahrheiten – auch die unbequemen – aussprechen durfte. Auch heute noch kann er als Joker (Spaßmacher) im Kartenspiel jeden Platz einnehmen und ist damit die stärkste Karte im Spiel.

Hier noch eine spirituell-ironische Anekdote:
Der Engländer Reshad Feild, der später in London das erste westliche Sufi-Zentrum gründete, folgte in jungen Jahren dem geheimnisvollen Türken Hamid in das Hochland von Anatolien, um sich dort in das geheime Wissen der Derwische einführen zu lassen (Reshad Feild: »Ich ging den Weg des Derwisch«).

Eines Tages begegnete Reshad seinem Meister in einem Café, vor sich eine Flasche Raki auf dem Tisch. Reshad entsetzt: »*Meister, Ihr trinkt Alkohol – am helllichten Vormittag!*«
Der Sufimeister Hamid hielt ihm die noch viertelvolle Flasche hin, mit der Aufforderung: »*Trink! Trink sie aus!*« *Reshad tat verstört, was ihm geheißen wurde, ging dann angetrunken in sein Hotel, voller Zweifel an sich, an seinem Meister und am ganzen Sufismus. Als er am Abend Hamid wieder traf, wollte er wissen, warum – um Himmels Willen – er den Raki austrinken musste. Hamid entgegnete lächelnd:* »*Sag mal – tust du eigentlich alles, was man dir sagt??*«

Lachen – was können Christen und Buddhisten voneinander lernen?

Christliche Heilige kennen Fröhlichkeit, Jubel und große Freude. Im Katholizismus gibt es ja in der Tat viele lebensbejahende und genießende Aspekte: Feiern, Genießen irdischer Freuden – das Leben festtäglich auskosten – moderner Katholizismus (ohne allzu starre Dogmatik) kann Lebensfreude pur sein!
Das Lachen Buddhas klingt erdhaft und irdisch – da es vorwiegend dem Hara, der Bauchenergie, entspringt.
Die christliche Religion hat ja manchmal gewisse Probleme mit der Akzeptanz der Erde, der leiblich-sinnlichen Natur und des »Schattens«(C.G. Jung). Dieses Problem ist nicht ausschließlich christlich, sondern abendländisch. Denn wir sind aufgrund unserer Geistesgeschichte oftmals zu sehr mit einem »Oben« identifiziert – das »Unten« wird immer noch eher abgewertet.
Christliche Freude – zusammen mit buddhistischer Gelöstheit – da könnten sich beide Religionen gegenseitig bereichern.

Einen herzlich lachenden Jesus, der sich dabei den Bauch hält – den würde ich gerne in meinen Garten stellen! Der Buddhismus könnte zudem von der tiefen mystischen Erfahrung, dem Mitgefühl und der

Verantwortung für die ganze Schöpfung vom Christentum ebenfalls wertvolle geistige Anregungen erfahren.

Anmerkung: Landesfremde Religionen werden gerne nur in ihrer reinen Form rezipiert, bei der eigenen Religion hingegen erkennt man auch konkrete gesellschaftliche Missstände und machtpolitische Irrungen. So gibt es in buddhistischen Klöstern auch autoritäre Lehrer; und Novizen steigen manchmal nachts heimlich über die Klostermauer, um Raki zu trinken und andere verbotene »lebensfrohe« Dinge zu tun!
(Persönliche Mitteilung des Dalai Lama)

Hier noch ein – christlicher – Witz, den mir ein befreundeter Pfarrer erzählte:
Maria und Josef suchen eine Herberge. Der Herbergsvater: »*Tut mir leid, keine Zimmer mehr frei!*«
Josef: »*Sehen Sie nicht, dass meine Frau hochschwanger ist?*«
Darauf der Herbergsvater: »*Ja, da kann ich doch nix dafür!*«
Darauf Josef: »*Ja ich doch auch nicht!*«

Geistvolle Zitate

Der Philosoph ***Martin Buber*** bestätigt mit seiner Haltung, wie wichtig es ist, hinter all den von anderen vorgegebenen Erkenntniswegen Bezug zu nehmen zu den eigenen tieferen Erfahrungen: »*Jeder kommt auf seine Weise zu Gott. Einer über Schweigen, der andere über Reden, einer über Fasten, ein anderer über dankbares Genießen von Speis und Trank.*« Ein transzendenter Wachstumsprozess kann, muss aber nicht einen Gott oder eine höhere Macht beinhalten. Viktor Frankls Sinnhaftigkeit, etwas, das über uns hinausweist, das mehr ist als wir selbst, kann in der Familie, in stärkerer Selbstfindung oder im Dienst für andere als spirituell erlebt werden.

Der indische Vedantameister *Ramana Maharshi*: Die Wahrheit des alltäglichen, stets gegenwärtigen und ewigen Gewahrseins ist die Wahrheit des Selbst. Doch die Menschen wollen und können diese unglaublich einfache Wahrheit oft nicht hören, sie sind vielmehr ganz begierig
zu wissen, was jenseits liegt – Himmel und Hölle und Reinkarnation.
Weil sie das geheimnisvoll Verborgene und nicht die offen daliegende
Wahrheit lieben, gibt die Religion ihnen nach – um sie am Ende doch
zum Selbst zu führen.

Der Sufimeister *Bhai Sahib* sagt Ähnliches: Unser System ist die Freiheit. Aber die meisten wollen sie gar nicht. Die Leute ziehen Verren-
kungen vor, Hatha-Yoga, Disziplin, Kontrolle der Gedanken, Meditation. Anders sind sie nicht glücklich. Sie meinen, dass sonst nichts
geschieht. Ich fordere Sie hier noch nicht einmal auf, zu beten. Nicht
einmal Reden ist erforderlich. Wir leben in einer Zeit des Intellekts.
Der Verstand ist der Herrscher. Die meisten Menschen sind darum
mit so etwas Einfachem nicht zufrieden; sie nehmen nichts an, bevor
ihnen nicht wenigstens irgendeine Erklärung gegeben wird. Unser
System war nie weit verbreitet. Es arbeitet von Herz zu Herz.
Irina Tweedie: »Der Weg durchs Feuer«

Der Begründer des Diamant Approach, *Ali Hameed Almaas*: Viele
Menschen verlieren sich in spirituellen Erfahrungen und Beobach-
tungen und allen möglichen interessanten, subtilen Eindrücken, von
denen manche bestimmt aufregend und erhebend sein können. Aber
es gibt nichts Besseres als die Einfachheit, man selbst sein zu können – in sich selbst zentriert zu sein, zu erkennen, wer man ist, und
das Gefühl der Vertrautheit und der Wirklichkeit darin zu verspüren.
Die ganze innere Reise, die gesamte psycho-spirituelle Praxis, hat im
Grunde nur ein einziges Ziel: wirklich diejenigen zu sein, die wir sind.
A.H. Almaas: »In die Tiefe des Seins«

Mein Herz ist offen für jede Form; es ist eine Weide für Gazellen,
ein Kloster für christliche Mönche, ein Götzentempel, die Tafeln der

Thora und das Buch des Korans. Ich übe mich in der Religion der Liebe; in welcher Richtung auch immer die Karawane zieht, die Religion der Liebe wird mein Glaube sein.

Ibn Arabi (1165 – 1240, mystischer Dichter des Islam)

Wenn du dich nicht beherrschen kannst, dann fliehe in die Einsamkeit, denn es ist eine Schwäche. Wer mit Brüdern zusammenwohnt, darf nicht viereckig, sondern muss rund sein, damit er sich allen zuwenden kann. Es ist nicht die Tugend, derentwegen ich in der Einsamkeit sitze, sondern die Schwäche. Die Starken sind es, die unter die Menschen gehen.

Abbas matoe Apophthegmata Nr. 225

Wenn dein Herz wandert oder leidet, bring es behutsam an seinen Platz zurück und versetze es sanft in die Gegenwart deines Herrn. Und selbst wenn du in deinem Leben nichts getan hast, außer dein Herz zurückzubringen und wieder in die Gegenwart unseres Gottes zu versetzen, obwohl es jedes Mal wieder fortlief, nachdem du es zurückgeholt hattest, dann hast du dein Leben wohl erfüllt.

Franz von Sales

Lieblingssprichwort des alternativen Friedensnobelpreisträgers und Quantenphysikers Hans-Peter Dürr: »*Ein Baum, der fällt, macht mehr Krach als ein Wald, der wächst.*«

(Tibetische Weisheit)

(Die Medien nehmen fallende Bäume wahr – doch es ist der wachsende Wald, der das Leben fortführt!)

LEKTION SIEBEN
Integraler Ausblick

Integrale Psychologie schult ein »stimmiges« Fühlen, ein »In-Berührung-Sein-mit …«, das auf unmittelbare und direkte Weise neue Wahrnehmungen entstehen lässt.

Diese wahrnehmungspräzisierende Sichtweise relativiert die Vorstellung einer allgemeingültigen Wirklichkeitsdefinition. Schon Heidegger sagt (in »Wesen der Wahrheit«), dass jede Aussage über Wahrheit immer schon die Wahrheit verstellt.

Je nachdem, in welchem Kontext wir uns befinden, abhängig auch davon, was wir erreichen wollen, entsteht etwas einzigartig Neues, das so in keinerlei Weise zuvor schon da war. Vergangene Erfahrungen funktionieren *jetzt* innerhalb einer neuen Erfahrung. Vergangenes wird aktiv und neu durch den gegenwärtigen Prozess verändert. Auch die Zukunft ist nicht linear – eine Zukunft, die als Nächstes Gegenwart wird, und dann Vergangenheit – die existiert so nicht! Denn alles ist in der Gegenwart »verschränkt«: Jedes aktuelle Geschehen verändert immer auch die Vergangenheit und die Zukunft.

Unsere derzeitigen Krisen könnte man durchaus als eine kollektive Identitätsstörung beschreiben. Die Schatten und Neurosen einer ganzen Ära drängen an die Oberfläche, wie die Dämonen, mit denen sich die Helden in den Mythen und Sagen auf ihrer Reise auseinandersetzen müssen, um wieder ganz werden zu können.

Integrale Authentizität

Ein wirklich authentischer Mensch ist ein Mensch mit »wildem Herzen«, mit Rückgrat, unbestechlich und mutig, unkonventionell und leidenschaftlich.

»Solche Menschen erkennt man an ihren Gesichtern, ihrer Lockerheit, an ihrem Humor, an ihrer Weitsicht, und auch daran, dass sie noch im Alter schön sind, egal, wie sie aussehen.

Sie haben den Mut, vollkommen unvollkommen zu sein.

Ein solcher Mensch vermag Herzenstüren zu öffnen und den Lebensfunken in anderen zu entzünden. Er verändert die Welt dadurch, dass er Tag für Tag etwas von seiner Persönlichkeit ausstrahlen lässt, ohne sich in den Vordergrund zu drängen oder sich als Beispiel darstellen zu müssen.«
(Christina Kessler: »Wilder Geist, wildes Herz«, 2016, S. 206)

Integrale Menschen genügen sich selbst, kennen ihren Wert, ihre Stärken und Schwächen. Ihre Integrität macht sie beliebt. Man kann sich auf sie verlassen, ihnen vertrauen.

Solche Menschen besitzen eine natürliche Autorität, weil sie Verantwortung übernehmen – für sich selbst, für ihre Aufgaben, ihren Weg und das Ganze.

Integrale Perspektiven aus der Sicht einer neuen Biologie

Seit den 1990er-Jahren – der Dekade des Gehirns – boomen Visionen, die das Geheimnis des Lebendigen als unmittelbaren Effekt der Quantenphysik mehr oder weniger erkannt zu haben glaubten: Der Umstand, dass sich, je weiter man ins Reich des Allerkleinsten vorstößt, immer weniger ein objektives Bild der ganzen Wirklichkeit zeichnen lässt, wurde sehr schnell auf dem Jahrmarkt konkurrierender esoterischer und psycho-spiritueller Anbieter feilgeboten.

Die **Unbestimmtheit** war ideal zu vermarkten. Etwas schwieriger zu begreifen ist hingegen die **Nichtlokalität**. Denn Ereignisse sind miteinander verbunden (»verschränkt«), obwohl sie räumlich und zeitlich weit voneinander getrennt sein können. Zwischen ihnen herrscht kein Ursache-Wirkungs-Verhältnis mehr, sondern eine seltsame Beziehung von Parallelität.

Daher vermutet die britische Biophysikerin Mae-Wan Ho, dass man Lebewesen vielleicht am besten als ein einziges *makroskopisches Quantensystem* beschreiben könne, in dem alle Partikel miteinander in verschränkter Beziehung stehen.

Der Biologe und Philosoph Andreas Weber (»Alles fühlt«, 2008) zeigt anschaulich auf, wie eine neue Biologie unseren Körper als »Schwarm« zu verstehen beginnt. Wir bestehen aus Milliarden einzelner Individuen, die – zum Beispiel im Reagenzglas – auch allein leben könnten. Doch um als Leib zu funktionieren, müssen sie ihr Verhalten sensibel aufeinander abstimmen.

Das Gehirn steuert nicht, sondern ist selbst mit den feinsten Verästelungen seiner Nerven, mit den in allen Sekreten schwebenden Boten des Neuroimmunsystems über den »schwärmenden« Körper ausgebreitet.
Leben ist keine Abfolge von Reaktionen, sondern ihr Gegenteil: Autonomie und Freiheit.
Eine einzige Körperzelle repariert in jeder Sekunde bis zu einem Dutzend von zerstörten DNA-Verbindungen. Ohne diese aktive Tätigkeit würde die Zelle in Sekunden zu einem Molekülhaufen zerfallen.

Zur Autonomie gesellt sich ein weiteres Merkmal: das der *Freiheit.* Ein Bakterium hat gegenüber einem Sandkorn unendlich viel mehr Wahlmöglichkeiten. Es entscheidet und wählt aus, gemäß den Bedürfnissen, die sich aus dem Streben ergeben, es selbst zu bleiben. Bringen wir diesen biologisch-integrativen Ansatz – der Körper ist ein Ökosystem, das die Zahl, die Art und die Beziehungen verschiedener Zellspezies in einer fragilen Balance hält – nun in Kontakt mit den Kultur- und Geisteswissenschaften, so können wir wie folgt formulieren:
In der Phänomenologie und im Focusing schulen und untersuchen wir Fähigkeiten, die uns erlauben, das, was wir erleben und wahrnehmen, sinnhaft und subjektiv in individueller Freiheit zu deuten.

Wir sind alle ein Teil der Biosphäre. Wir leben sowohl materiell als auch mental in Symbiose mit einem unüberschaubar großen Ökosystem, das sich beständig neu hervorbringt.

Wir sind unentwirrbar mit der Welt verbunden. Auch unser Ich ist kein festes Zentrum. Es entsteht erst in der Begegnung mit der Welt – und löst sich wieder in ihr auf.

Der Psychologe Erich Fromm sieht in seinem Entwurf für ein ganzheitliches Menschenbild das Ziel unserer Entwicklung in der *»Einheit zwischen Autonomie und Bezogenheit«*. Gesund sein heißt dann, mit sich in Einklang zu stehen und sich zugleich wertschätzend als Teil-Ganzes der gesamten Biosphäre zu erleben: Jeder Organismus ist zugleich ein Zentrum des Universums und überall.

Manche glauben, dass sie wählen müssten zwischen einem Denken, das scharf und systematisch ist, *und* einem Denken, welches das lebendige Ganze wertschätzt. Doch nur beides zusammen kann unsere Wirklichkeit auf neue, ganzheitliche Weise anreichern. Unsere Psyche, unsere Ethik und Moral sowie wissenschaftlich messbare Fakten – diese Dreiheit bedingt sich gegenseitig, um eine sich rasch verändernde Welt immer wieder neu zu begreifen und lebenswürdig zu gestalten.

Integrale Psychologie stellt daher »Ich« (Selbsterleben), »Wir« (Kultur) und »Es« (Wissenschaft) in symbolischer Vermittlung von Wirklichkeit gleichberechtigt nebeneinander. Die Zunahme an Wissen und die wechselseitige Verschränkung aller Lebensbereiche machen es erforderlich, dass wir alle Ebenen des Seins in einer größeren Perspektive neu zusammenführen.

Integrales Denken hilft, unsere Wahrnehmungsfähigkeit durch flexible Perspektivenwechsel zu erweitern und in gegenwartsklarer Aufmerksamkeit neue, stimmige Ideen zu entwickeln.

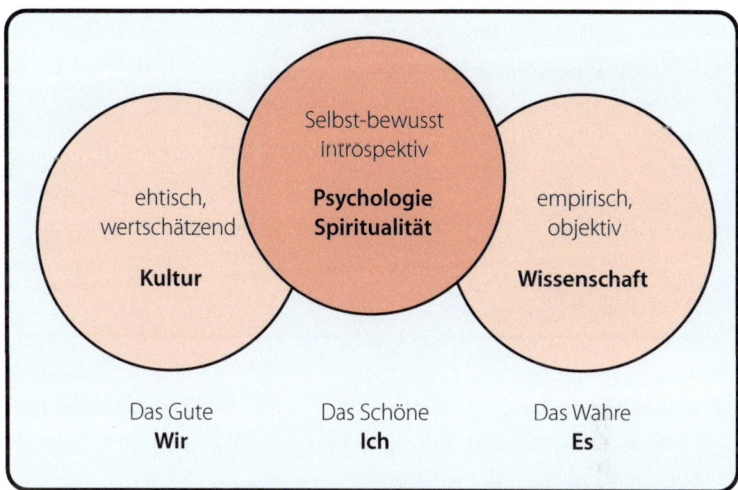

Und um unsere komplexe menschliche Natur als Teil der gesamten Biosphäre besser zu verstehen. Nach Peter Sloterdijk brauchen wir neben wachsenden horizontalen Kompetenzen auch immer mehr Menschen, in denen der Sinn für die Senkrechte (Vertikale) neu erwacht:

»Vom Übergroßen erfasst zu werden, spürten schon die ersten Jäger in der Savanne, als sie den Kopf hoben und verstanden, dass der Horizont keine schützende Grenze ist, sondern das Tor, durch das die Götter und die Gefahren eintreten.«

Sloterdijks Resümee (und Buchtitel) »Du musst dein Leben ändern!« fordert von uns, auf die innere Senkrechte zu achten, *»denn es ist nicht der aufrechte Gang, der den Menschen zum Menschen macht, es ist das aufkeimende Bewusstsein des inneren Gefälles, das im Menschen die Aufrichtung bewirkt.«*

> *»Du selbst musst der Wandel sein,*
> *den du in der Welt sehen willst.«*
> Mahatma Gandhi (1947)

> »*Wer nur sich selbst verändert, ist ein Träumer,*
> *wer nur das Außen verändert und nicht sich selbst,*
> *ist ein Heuchler.*«
> Aktivist aus Berlin-Kreuzberg (2014)
>
> »*Freiheit ist nichts, was man besitzt, sondern etwas,*
> *das man tut.*«
> Carolin Emcke (Friedenspreisträgerin 2016)

Mit diesen sieben kurzen Lektionen über psychologische Grundhaltungen, systemisches Denken, kulturelle Entwicklungsstufen und integrale und spirituelle Blickwinkel möchte ich Sie motivieren, Ihren ganz persönlichen Weg zu mehr Bewusstheit und individueller Wirksamkeit weiterzugehen. Und sich dabei nicht entmutigen zu lassen.
Denn: Die Zukunft ist ein offenes Möglichkeitsfeld!

Mit dem südafrikanischen Gruß der Buschleute der Kalahari möchte ich enden:

»*Ubuntu*« – »*Es gibt mich, weil es dich gibt.*«

Nehmen Sie sich nochmals kurz etwas Zeit, um Ihren Kopf wieder stimmig mit Herz und Bauch zu verbinden:
Wie erleben Sie sich jetzt, nachdem Sie dieses Buch ganz beendet haben?
Bleiben Sie – ohne irgendetwas erreichen zu wollen – einfach offen bei Ihren Gefühlen und Gedanken, und spüren Sie nochmals kurz in Ihre Leibesmitte.

Und lassen Sie das in diesem Buch Erfahrene und Erlebte noch einen Moment nachklingen.

In den beiden nun anschließenden »Bonus-Tracks« können Sie – falls Sie noch möchten – aktuelle Daten zur psychosozialen Lage in Deutschland kennenlernen.

Zudem erfahren Sie die derzeit wichtigsten Prognosen führender Zukunftsforscher.

STATISTISCHER BONUS-TRACK 1
Aktuelle Daten zur psychosozialen Lage in Deutschland

Im digitalen Zeitalter haben die elektronischen Medien längst Einzug gehalten in die persönliche Lebenswelt des Einzelnen – einschließlich seiner Sozialbeziehungen. Dies hat dafür gesorgt, dass in unserer Alltagskultur »*… jeder das Recht hat, sich zu zeigen, um gesehen zu werden. Jeder kann auftreten, sobald er irgendwo eine Bühne findet – der Informationskapitalismus genießt offenbar eine hohe Akzeptanz*« (Martin Altmeyer: »Auf der Suche nach Resonanz – Wie sich das Seelenleben in der digitalen Moderne verändert«, 2016, S. 205).

Der Psychologe und Soziologe Martin Dornes weist fundiert nach, dass trotz weit verbreiteter Meinung psychische Krankheiten *nicht* zugenommen haben – zugenommen hat die Sensibilität für Symptome, die früher ignoriert oder als Bestandteil des gewöhnlichen Lebensunglücks verstanden wurden (Martin Dornes: »Macht der Kapitalismus depressiv? – Über seelische Gesundheit und Krankheit in modernen Gesellschaften«, Fischer-TB, 2016).

Heute werden psychische Störungen nur häufiger und genauer wahrgenommen – in der Kriminologie wird das als Dunkelfeldaufhellung bezeichnet: So haben wir den Eindruck, die Gewalt an unseren Schulen nähme zu. Doch in Wirklichkeit betrachten wir heute manches als Gewalt, was früher eine Rauferei gewesen wäre – und die Medien berichten solche Vorfälle häufiger.
Ähnlich ist es mit der Gewalt in der Ehe oder sexuellem Kindesmissbrauch. Sie alle haben stark abgenommen, obwohl der gegenteilige Eindruck entsteht, weil noch nie so viel darüber berichtet wurde.

Dornes Fazit – nach genauer Sichtung von hunderten Untersuchungs-ergebnissen: Die Krankheitsdiagnosen nehmen zu, aber in Wirklich-keit nehmen die Krankheiten eher ab. Würden wir mit den heuti-gen diagnostischen Mitteln die Bevölkerung von 1952 untersuchen, würde sich klar zeigen, dass psychische Erkrankungen früher we-sentlich häufiger waren.

Das Dunkelfeld vormals unentdeckter Krankheiten wird zudem durch bessere Diagnosen und ein flächendeckendes Versorgungssys-tem aufgehellt. Die relativ hohe Arztdichte führt zu häufigeren psy-chischen Diagnosen, zu erhöhten Krankschreibungen und psychisch bedingten Frühberentungen.

In der Frankfurter Rundschau (2015, Nr. 157, S. 40) berichtet S. Sauer, dass die Stadt Würzburg bestens mit Kinderpsychiatern versorgt ist und zudem als Zentrum der ADHS-Forschung in Deutschland gilt. Dort werden bundesweit mit Abstand die meisten ADHS-Diagno-sen gestellt.

Ähnlich weist der Kreis Ansbach bundesweit die höchsten Depressi-onsziffern auf – und verfügt zugleich über eine der größten psychia-trischen Ambulanzen des Landes.

Stress und Burn-out

Trotz massenhafter Publizierung über Burn-out haben 99 % der Deut-schen keinerlei Burn-out.

Der Topos des gehetzten Kindes (David Elkind: »Das gehetzte Kind«, 1981) durch Schule, übermäßige (Früh-)Förderung oder verplante Freizeitaktivitäten dient seit 35 Jahren publizistisch als Beleg dafür, dass Kinder heute schon mit zwei Jahren Fremdsprachen lernen. Sys-tematische Überprüfungen dieser These ergeben aber, dass dies schon damals ein absolutes Minderheitenphänomen war und bis auf den heutigen Tag geblieben ist (Dornes, S. 60). Insgesamt gilt:

Unseren Kindern, egal aus welchen Elternhäusern, wird heute in Kinder-
gärten so achtungsvoll begegnet wie in Deutschland in keiner Genera-
tion zuvor.

Und was die Freizeitaktivitäten angeht, so ist mittlerweile bekannt,
dass sie einer der besten Wege sind, um Kinder zu bilden. Bildungs-
rückstände von Unterschichtkindern sind in erheblichem Umfang auf
einen Mangel an einschlägigen Aktivitäten wie Schwimmen, Tanzen,
Malen und Musizieren zurückzuführen, nicht auf ein Übermaß.

Wesentlich detailliertere Informationen über Lebenszufriedenheit und
psychisches Wohlbefinden bei Kindern liefert uns der UNICEF-Report von 2013, der aufzeigt, dass Deutschland in der Gesundheitszu-
friedenheit im internationalen Vergleich auf Platz 5 von 29 Ländern
liegt. Die psychische und physische Lebensqualität schätzen 94 % der
6 – 10-Jährigen und 96 % der 11 – 17-Jährigen als gut oder sehr gut
ein.

Deutschland ist im Bereich der psychischen Gesundheit im internationalen Vergleich das zweitbeste aller untersuchten Länder (nach
Slowenien). Zudem zeigt der UNICEF-Report eine hohe Schulzu-
friedenheit deutscher Schüler. Und: Das deutsche Schulsystem übt
keinen übermäßigen Stress auf Kinder aus (Platz 7 von 29). Auch das
Robert Koch-Institut bestätigt, dass das körperliche und psychische
Allgemeinbefinden hierzulande auf einem »sehr hohen Niveau« ist
(2012, S. 30).

Für die gefühlte Zunahme psychischer Störungen und Burn-out-Leis-
tungsüberforderungen spielt neben der Dunkelfeldaufhellung und der
zunehmenden Ärztedichte und Diagnosehäufigkeit auch die mediale
Berichterstattung eine bedeutende Rolle.

Der Philosoph Peter Sloterdijk (»Stress und Freiheit«, 2011, S. 11 ff.)
schreibt hierzu:

»Indem wir uns in gemeinsamer Besorgnis über alles Mögliche beugen
und in täglichen Talkshows ununterbrochen über tatsächliche und phan-
tasierte Probleme reden, halten wir die Gesellschaft in Form einer Sorgen-
und Erregungsgemeinschaft zusammen.«

Resümee: Offenbar pflegen die Kinder der digitalen Moderne ein wesentlich entspannteres Verhältnis zu all jenen Widersprüchen zwischen psychischer und äußerer Wirklichkeit als die Menschen in früheren Epochen. Und sie sind immer mehr in der Lage, ihre innere Struktur weit über die Kindheit hinaus offen, lernfähig und veränderbar zu halten. Das Bedürfnis, Kontakt mit anderen aufzunehmen, mit ihnen zu kommunizieren, sich ihnen gegenüber zu öffnen und damit Resonanzen aus der sozialen Umwelt zu bekommen, nutzen sie flexibel für die eigene Identitätsbildung.

Der Autor Michel Serres (»Erfindet euch neu! Eine Liebeserklärung an die vernetzte Generation«, 2013) gibt eine der wenigen positiven Sichtweisen auf unsere zunehmend komplexer werdende vernetzte Welt:

»Vor der Erfindung des Buchdrucks musste man den Kopf voller Wissen haben. Sich den Platz des Buchs auf dem Regalbrett zu merken, ist mit geringeren ökonomischen Gedächtniskosten verbunden, als seinen Inhalt im Gedächtnis zu behalten.« Die neue Ökonomie ist noch radikaler: Auch den Platz im Bücherregal muss keiner sich mehr merken, weil eine Suchmaschine das für uns erledigt. Und da wir nun immer mehr Wissen im Web zur Verfügung haben, werden wir frei für Kreativität und Intuition: »Ab jetzt ist in unserem Kopf Platz für erfinderische Intelligenz, für eine ›authentische kognitive Subjektivität‹.*

Nach der kognitiven Auslagerung von Wissen – was bleibt uns? Die erneuernde und lebendige Intuition! Die Bildung entlässt uns an die helle Erfindungsfreude.«

(Albert Einstein antwortete einmal auf die Frage nach der Schallgeschwindigkeit: »Warum sollte ich das wissen? Das steht doch in den Büchern!«)

Und der Psychologe und Soziologe Martin Altmeyer schreibt auf der letzten Seite seines Buches *(»Auf der Suche nach Resonanz – Wie sich das Seelenleben in der digitalen Moderne verändert«, 2016)*:

»Irgendwie versuchen die Kinder der digitalen Moderne, das Innen mit dem Außen, das Selbst mit dem Anderen zu vermitteln, oder sogar zu versöhnen. Wie sie das genau anstellen und ob ihnen das am Ende wirklich gelingt, können wir Älteren nicht wissen.

Das aber ist der Sinn der Generationenfolge: Wenn wir es wüssten, käme nichts Neues mehr, es bliebe nur Wiederholung und Stillstand. Denn jeweils die nächste Generation muss verstehen lernen, was ihr die Vorgängergeneration an Unverstandenem hinterlassen hat.«

BONUS-TRACK 2
Prognosen führender Zukunftsforscher (2017)

Der integrale Vordenker **Ken Wilber** sagt, dass derzeit 70 % der Weltbevölkerung weitgehend feudalistisch-nationalstaatlich denken. Ihnen liegt an ethnischen Säuberungen (roter Bereich), sie fechten Stammeskriege (purpur und roter Bereich) aus. Sie formieren sich zu feudalistischen Nationalstaaten (Balkan / Naher Osten). China und Russland werden aus dem Nationalstaat (blauer Bereich) herauswachsen in einen Firmenkonzernstaat (oranger Bereich). 20% der Amerikaner (und ein höherer Prozentsatz der Europäer) haben sich dem postmodernen pluralistischen Denken (grüner Bereich) zugewandt. Davon wird ein kleiner Prozentsatz in den kommenden beiden Jahrzehnten das Denken des postmodernen Nationalstaats (grüner Bereich) aufgeben und den Sprung in eine vernetzte »gelbe« Wirklichkeit vollziehen.

Michio Kaku (»Die Physik der Zukunft«) prognostiziert: Wahrscheinlich werden die Menschen der Zukunft viel weniger Kinder bekommen. Das ist heute schon in Europa und Japan der Fall. »Das stärkste Verhütungsmittel der Welt ist der Wohlstand«, schreibt Kaku und schätzt, dass die Weltbevölkerung nicht ewig rasant weiter wachsen wird, sondern sich im Jahr 2100 auf dem Niveau von etwa elf Milliarden Menschen stabilisieren wird.

Derzeit leben etwa sieben Milliarden Menschen auf der Erde.

»Das Beste, was man tun kann, um das Bevölkerungswachstum zu bremsen, ist, den Gesundheitszustand der betreffenden Menschen zu verbessern. Da, wo die Leute gesünder werden, bekommen sie innerhalb einer halben Generation auch weniger Kinder.«

Dickson Despommier, ein Professor für Gesundheitswesen an der Columbia University in New York, hat eine Lösung für Ernährungsprobleme parat: vertikale Farmen in Form von Wolkenkratzern. 150 vertikale Farmen, die als Hydrokulturen betrieben werden, reichten aus, um New York City mit Nahrung zu versorgen. Parabolspiegel versorgen die Pflanzen mit Sonnenlicht, nachts übernehmen das preisgünstige LED-Wärmelampen.

Fast drei Viertel des Endpreises von Nahrungsmitteln entstehen durch Lagerung, Transport und Versand. Der Kopfsalat aus vertikalen Farmen könnte sich seine Reisekosten sparen. In Japan werden bereits »Pflanzenfabriken« betrieben, in denen die Angestellten bis zu 20-mal im Jahr Salat ernten. Auch in Schweden, China und Singapur wird an solchen Anbaubetrieben gearbeitet.

Die Zukunft der Energie: Fossile Brennstoffe gehen zu Ende. Irgendwann. Doch es gibt Alternativen. *»Das Steinzeitalter endete nicht, weil es keine Steine mehr gab. Und das Ölzeitalter wird enden, lange bevor der Welt das Öl ausgeht«*, sagt *James Canton*, Leiter der in San Francisco ansässigen Denkfabrik »Institute for Global Futures«.

Der Verbrauch von fossilen Brennstoffen verändert gerade unser Klima. Über das Ausmaß und die Gefährlichkeit streiten die Experten. Doch Mitte des Jahrhunderts sollten wir dank einer Kombination aus Kernfusion, Sonnenenergie und erneuerbaren Energien die Erwärmung stoppen können.

Forscher des Deutschen Luft- und Raumfahrtzentrums haben ausgerechnet, dass der Energieverbrauch der Welt für alle Zeiten gedeckt wäre, wenn wir es schaffen würden, die Energie der Sonnenstrahlung anzuzapfen, die die Wüste in Nordafrika jeden Tag abbekommt. Afrika wäre auf einen Schlag größter Energieexporteur der Welt.

Die Leistung von Fotovoltaikanlagen, die aus Sonne Strom machen können, nimmt immer schneller zu. Kosten sinken durch bessere Herstellungstechniken. Zum Ende des Jahrhunderts könnte unsere Energie aus dem All kommen. Satelliten sollen in der Umlaufbahn die Sonnenstrahlung auffangen, bündeln und dann auf die Erde schicken.

Die Zukunft der Roboter und Computer: Das Tempo der modernen Welt wird vom Tempo der Computer bestimmt. Und deren Geschwindigkeit nimmt stetig zu. Die Rechenkapazität von Computern verdoppelt sich etwa alle 18 Monate.
Ein Smartphone verfügt heute über mehr Leistung als alle Großraumcomputer der NASA im Jahr der Mondlandung 1969.

Nanotechnologie eröffnet neue Möglichkeiten: In der Medizin entstehen für Nanogeräte sinnvolle Einsatzgebiete. Moleküle, die aus Nanopartikeln bestehen, könnten Antikrebsmedikamente im menschlichen Körper an den Einsatzort bringen und damit die Nebenwirkungen der Chemotherapie eingrenzen.

Die Zukunft der Menschheit: Wir werden auf unserem Planeten zusammenrücken. Wir werden uns ähnlicher. Wohlstand wird gleichmäßiger verteilt sein, Ländergrenzen lösen sich langsam auf.
Rund um den Erdball wächst *eine internationale Mittelschicht*.
Am Ende dieser gesellschaftlichen Evolution kann schließlich so etwas wie eine Weltregierung stehen. Auch wenn Terroristen, religiöse Fundamentalisten oder Diktatoren etwas dagegen haben.

Register

Der Autor

Rainer Eggebrecht ist Psychologe, Soziologe und Doktor der Philosophie.

Er ist Gründer und Leiter des »Instituts für integrale Gesprächs- und Focusingtherapie (igf)«, an dem er seit über 25 Jahren Trainer und Therapeuten ausbildet.

Als Max-Planck-Stipendiat in Verhaltensforschung promovierte er über »Interkulturelle Kommunikation«.

Rainer Eggebrecht ist offizieller Focusing-Koordinator für Deutschland.

Er lehrte an der Semmelweis-Universität Budapest fortgeschrittenen deutschsprachigen Medizinstudenten moderne Therapiemethoden und Wahrnehmungsschulung (Focusing).

Er beriet renommierte Unternehmen, z.B. Bertelsmann (Mitbegründer des »100-Tage-Trainings für Führungskräfte«), Ritter Sport, Evangelische Akademien u.v.a.

Er leitet integrale Arbeitsgruppen und hält Vorträge und Seminare im In- und Ausland,

2013: Aufnahme in die Liste der »Top 100 Excellent Trainers« im deutschsprachigen Raum (Deutschland, Österreich, Schweiz)

2014: Mitbegründer des Studium Integrale an der Augsburger Akademie e.V.

2015: Focusing-Weiterbildungen und Zertifizierungen für Therapeuten des polnischen Humanistischen Psychotherapieverbandes (PT-PHE) (mit Simultan-Dolmetscherin)

2016: Fortbildungen und therapeutische Focusing-Ausbildungen bei der AFA – Arbeits- und Forschungsgemeinschaft für Atempädagogik und Atemtherapie e.V.

Bisher erschienene Bücher von Rainer Eggebrecht:
»Besser umgehen mit Persönlichkeitstypen« (2005)
»Vor uns die Zukunft – integrale Psychologie als Wegweiser für das
21. Jahrhundert« (2011)

Website: www.focusing-igf.de, E-Mail: info@focusing-igf.de